Extrait du Journal LE GÉNIE CIVIL

MINES

LES APPAREILS DE SÉCURITÉ

A L'EXPOSITION DE 1900

PAR

H. SCHMERBER

INGÉNIEUR DES ARTS ET MANUFACTURES

(Avec une planche hors texte.)

2503

PARIS

CH. BÉRANGER
15, RUE DES SAINTS-PÈRES

LE GÉNIE CIVIL
6, RUE DE LA CHAUSSÉE-D'ANTIN

1901

Extrait du Journal LE GÉNIE CIVIL

MINES

LES APPAREILS DE SÉCURITÉ

A L'EXPOSITION DE 1900

PAR

H. SCHMERBER
INGÉNIEUR DES ARTS ET MANUFACTURES

(*Avec une planche hors texte.*)

PARIS

CH. BÉRANGER | LE GÉNIE CIVIL
15, RUE DES SAINT-PÈRES | 6, RUE DE LA CHAUSSÉE-D'ANTIN

1901

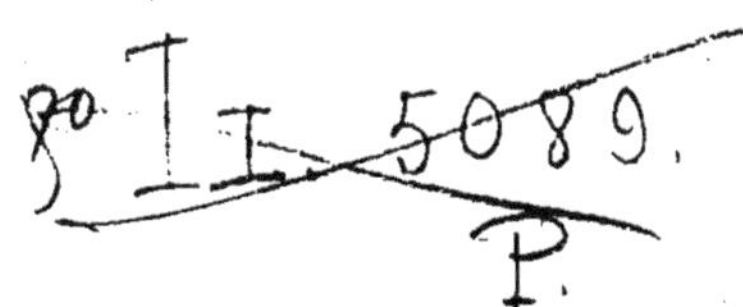

[illegible]

[illegible]

[illegible]

[illegible]

[illegible]

[illegible]

[illegible]

[illegible]

[illegible]

[illegible]

MINES

LES APPAREILS DE SÉCURITÉ

A L'EXPOSITION DE 1900

Nous avons, dans une précédente étude (1), passé en revue les installations et appareils les plus remarquables qui ont figuré à l'Exposition Universelle de 1900, dans la classe 63 (exploitation des mines, minières et carrières). Nous avons omis avec intention de parler alors des divers appareils de sécurité, nous réservant de revenir sur ce sujet d'un si haut intérêt et d'y consacrer une étude spéciale.

Une des caractéristiques de la classe 63, à l'Exposition de 1900, a été, en effet, de montrer combien on avait fait de progrès, dans ces dernières années, dans la voie de la protection des mineurs et l'on peut dire sans exagération qu'à l'heure actuelle il n'est pas une grande exploitation minière dans laquelle on ne tende à ce but idéal de rendre de plus en plus difficiles toutes les causes d'accidents dans les divers services et d'en réduire ainsi le nombre à un chiffre extrêmement faible. C'est pourquoi, nous croyons qu'il est intéressant de rassembler dans une étude particulière tout ce que l'Exposition nous a montré à ce sujet et nous nous proposons de passer en revue les appareils de sécurité les plus remarquables de la classe 63.

Notre étude se divise en trois parties principales :

Dans la première, nous étudierons un certain nombre de dispositifs nouveaux dont le but est d'éviter la mise aux molettes des cages ; dans la deuxième, nous décrirons divers appareils, tels que les barrières automatiques, destinées à assurer la fermeture des recettes et à éviter les accidents, en ces points particulièrement dangereux ; nous passerons en revue enfin, dans la troisième partie, toute une série d'appareils spéciaux, construits pour remédier à des dangers de divers ordres.

(1) Voir le *Génie Civil* t. XXXIII, nos 14, 15, 16 et 17 et l'exploitation des Mines à l'Exposition de 1900, par H. Schmerber (publication du *Génie Civil*).

I. — Évite-molettes.

Parmi les causes nombreuses d'accidents graves pouvant se produire dans les puits d'extraction, l'une des plus justement redoutées, est la mise à molettes de la cage; il suffit, en effet, d'un petit moment d'inattention du mécanicien pour que le plus grave accident puisse se produire. Il n'est donc pas extraordinaire que l'on ait cherché de divers côtés à éviter cette cause de danger, et l'on remarquait à l'Exposition plusieurs appareils ayant pour but d'arrêter automatiquement la machine d'extraction.

Nous donnerons successivement la description de quatre de ces appareils qui, tout en ayant le même but et le même rôle, ont été imaginés et construits d'une façon bien différente. Ces appareils sont les suivants :

1° L'appareil double de sécurité et d'arrêt de M. A. Foby, des Mines de Dourges ;

2° L'évite-molettes de M. Villiers, directeur des Houillères de Saint-Étienne ;

3° L'évite-molettes des Mines de Liévin ;

4° L'évite-molettes de M. Reumaux, directeur général des Mines de Lens.

Appareil double de sécurité et d'arrêt des Mines de Dourges.

Bien que, comme nous venons de le faire remarquer, les divers évite-molettes aient tous sensiblement le même but final, ils diffèrent toutefois souvent dans leur mode d'action et dans les conditions qui leur sont imposées dans chaque cas spécial.

Le but de l'appareil, imaginé par M. A. Foby, Ingénieur du matériel aux Mines de Dourges, est d'assurer l'arrêt absolu d'une machine d'extraction, en cas de rupture d'une conduite de vapeur ou de mise à molettes. Cet appareil est en service depuis plusieurs mois à la fosse n° 7 et il a donné entière satisfaction. Les figures 1, 2 et 3, en représentent les principales dispositions.

L'appareil se compose d'un réservoir à air comprimé A, sur lequel sont placés deux cylindres de diamètres différents, le diamètre du cylindre arrière C étant plus petit que celui du cylindre avant B. Les pistons de ces deux cylindres sont calés sur la même tige qui com-

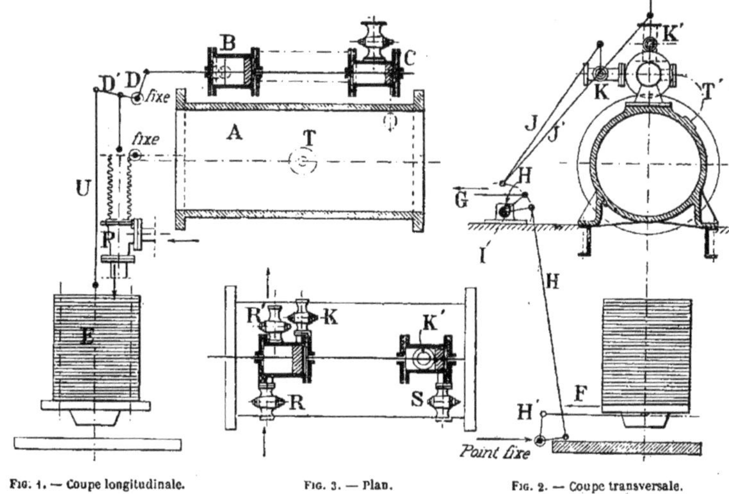

Fig. 1. — Coupe longitudinale. Fig. 3. — Plan. Fig. 2. — Coupe transversale.

Fig. 1, 2 et 3. — Appareil de sécurité, système A. Foby, des Mines de Dourges.

mande à son extrémité avant le système de levier D et D'. Le levier D' est muni d'un contrepoids E, fixé au bout d'une tige flexible U et reposant sur un système de verrous F. Ces verrous F sont effacés automatiquement par la cage, lors d'une mise à molettes, grâce au levier G qui, transmettant son mouvement à l'axe I et par suite au système de leviers HH', produit le retrait des verrous F. Sur l'arbre I sont encore calés deux autres leviers J et J', destinés à faire fonctionner les obturateurs K et K', placés l'un à l'arrière du grand cylindre, l'autre à l'avant du petit cylindre. L'appareil est complété par le tuyau à air comprimé T', muni de son robinet S, et par les robinets à vapeur R et R', l'un amenant la vapeur, l'autre la conduisant au cylindre du frein. Enfin, une soupape P est placée sur l'échappement du cylindre de frein et sa fermeture se produit automatiquement par la tension de deux ressorts à boudins.

L'appareil fonctionne de la manière suivante :

L'air comprimé arrive dans le réservoir A en passant par un clapet de retenue T. Le robinet S étant ouvert, l'air comprimé passe par la conduite T' et arrive à l'arrière du petit piston C, la vapeur au contraire arrive par le robinet R à l'avant du grand piston B et de là, en passant par R', elle s'en va à la boîte à vapeur du cylindre de frein. En marche normale, les ralentissements et les arrêts provoqués par le frein sont obtenus par la vapeur. En effet, étant donnée la différence des sections des deux cylindres, les deux pistons se maintiennent à la position arrière indiquée au croquis, car les deux diamètres sont calculés de telle façon, qu'en supposant même l'air comprimé à sa pression maxima et la vapeur à une pression minima, l'équilibre dans la position arrière soit maintenu.

Remarquons, en passant, que dans la position normale, l'effet du contrepoids n'intervient pas, celui-ci en effet repose sur ses verrous. L'obturateur K reliant la face arrière du grand piston avec le réservoir A est fermé, tandis que l'obturateur K' reliant la face avant du petit piston avec le dessous du cylindre de frein est légèrement ouvert. Cette ouverture partielle est réglabe à volonté, à l'aide d'un écrou.

Supposons, tout d'abord, que la rupture d'une conduite de vapeur ou l'explosion d'un générateur se produise alors que la machine d'extraction est en pleine marche. Il en résultera que la pression de la vapeur sur la face avant du grand piston deviendra nulle ; la pression à l'arrière du petit piston restant toujours celle de l'air comprimé du réservoir, il va s'ensuivre que l'équilibre étant rompu subitement, les deux pistons se déplaceront de l'arrière à l'avant. La communication entre R et R' sera interrompue par le piston B lui-même et l'air comprimé s'introduira sous le piston du cylindre de frein par les robinets S et K′ mis en communication par le déplacement avant du petit piston C. L'air comprimé remplira donc le cylindre de frein et y jouera le même rôle que la vapeur.

On a prévu le cas où le dessous du cylindre de frein serait en relation avec l'échappement. C'est pour parer à cet inconvénient qu'on a disposé la soupape P sur le tuyau d'échappement. Dès que le mouvement avant des pistons se produit, la traction des ressorts agissant, la soupape se ferme et sert à éviter toute perte d'air pouvant empêcher le bon fonctionnement du frein. On remarquera que dans ce cas le contrepoids n'a pas eu à intervenir, grâce à sa tige flexible U ; il n'y a pas eu non plus d'action sur l'axe I et, par suite, aucun mouvement des bielles J J′ etc. Les deux obturateurs K et K′ sont donc demeurés, le premier fermé, le deuxième partiellement ouvert, ce qui a permis au frein d'agir progressivement et d'éviter ainsi les risques de rupture des câbles par un arrêt trop brusque.

On voit donc que, dans ce premier cas, l'appareil satisfait entièrement à son but. Le deuxième cas à envisager est la mise à molettes :

Les choses sont disposées de telle façon que la cage avant d'arriver aux molettes produise la traction des leviers G. Ceux-ci étant entraînés dans le sens de la flèche (fig. 2) provoquent le déplacement du système de leviers H qui entraînent avec eux les verrous F, maintenant le contrepoids. Celui-ci est calculé pour produire un effort supérieur à l'excédent de l'action de la vapeur agissant sur le grand piston sur celle de l'air comprimé agissant sur le petit piston. Il produira donc, dès qu'il sera libre, le déplacement des deux pistons à l'avant, jusqu'à fond de course, et, par suite, le fonctionnement du frein à l'air comprimé sera établi. Mais, dans ce cas, l'action sera encore accélérée. En effet, l'arbre I entraine, dans son mouvement de rotation, les systèmes de leviers J et J′ et par suite l'ouverture partielle de l'obturateur K et l'ouverture totale de l'obturateur K′. L'obturateur K étant ouvert, l'air comprimé arrive derrière le grand piston et maintient l'appareil dans la position avant, même en cas de rupture du câble U. L'obturateur K′ ouvert en grand a laissé arriver l'air comprimé à pleine section dans le cylindre de frein ; l'action de ce dernier se produit donc instantanément, ce qu'il est absolument urgent d'obtenir dans le cas d'une mise à molettes.

On voit que l'appareil pourrait fonctionner sans le secours du contrepoids ; toutefois, celui-ci est utile pour assurer une action rapide et un déplacement immédiat des pistons. On pourrait également se dispenser d'avoir un réservoir d'air comprimé, en se bornant simplement à brancher les prises nécessaires sur une conduite. Ce système aurait toutefois de graves inconvénients, d'abord en cas de réparation d'une conduite, ensuite par suite de l'abaissement fortuit de la pression. Avec le réservoir, muni de son clapet, ces accidents ne sont pas à craindre.

La dimension du réservoir est assez considérable pour que l'air emmagasiné puisse largement suffire même en cas de réparation assez longue à faire aux conduites. De plus, si même la pression d'air vient à baisser, cela n'influera pas sur la pression dans le réservoir, l'air comprimé emmagasiné ayant été pris au moment où la pression était normale.

Évite-molettes Villiers, des Houillères de Saint-Étienne.

L'appareil Villiers est en usage aux Houillères de Saint-Étienne pour éviter la mise aux poulies des cages d'extraction; dans ses dispositions générales, il diffère complètement de l'appareil que nous venons de décrire.

Dans une étude sur son appareil, M. Villiers en expose le principe et le but de la façon suivante :

« On pourrait croire que l'action d'un frein très énergique mis en jeu par un régulateur peut éviter la mise aux poulies des cages d'extraction.

» Cela suffirait, en effet, pour des vitesses de quelques mètres par seconde, mais aux vitesses de 10 à 20 mètres par seconde, usitées dans l'extraction de la houille, on produirait des réactions dangereuses sur les câbles et les divers organes des machines et on entraverait l'extraction par des arrêts trop vifs.

» Dans l'appareil qui va être décrit, on a préféré agir automatiquement, quelques tours avant l'arrivée des cages au jour, sur un frein à double énergie et sur les tiroirs de distribution de la vapeur aux machines.

» La plus faible de ces deux énergies est employée à produire un premier ralentissement ; la seconde n'est employée pour obtenir un arrêt complet que si les cages dépassent le niveau des recettes où elles doivent s'arrêter.

» Le servo-moteur qui actionne les tiroirs de distribution de la vapeur aux machines est également mis en jeu par l'appareil automatique ; il renverse le sens de l'admission de la vapeur aux machines et complète ainsi le premier ralentissement, produit par le frein à simple énergie. Aussitôt que le ralentissement désiré est obtenu, les cages achèvent sans entrave pour le machiniste leur course complète, ainsi que cela sera expliqué par la description du mécanisme.

» Malgré leur ralentissement, si les cages dépassent le niveau des recettes extérieures, elles agissent directement sur un déclic.

» Ce déclic laisse tomber un bloc de fonte d'un poids suffisant pour ouvrir l'admission de la vapeur au tiroir du piston du frein et produire ainsi le complément d'énergie nécessaire à l'arrêt des cages, déjà ralenties, comme il vient d'être dit, avant leur arrivée aux poulies. »

Les figures 1 à 4 de la planche hors texte permettent de se rendre compte de la disposition générale de l'évite-molettes Villiers ; les figures 1 et 2 représentent plus particulièrement la commande de l'embrayage à friction, les figures 1 et 3 la commande du changement de marche, enfin la figure 4 la commande du tiroir à air comprimé.

Tout l'appareil repose sur une table carrée, en fonte, A, de 90 centimètres de côté, bien dressée, et réalise les deux commandes suivantes :

1° Manœuvre automatique du frein à air comprimé ;

2° Renversement automatique de la marche des machines.

Nous allons étudier successivement ces deux mouvements.

1° Manœuvre automatique du frein à air comprimé. — La vis centrale B (fig. 1 et 2, pl. hors texte), est mise en marche par l'arbre des bobines, elle fait deux tours pour un tour de ce dernier. La commande se fait par un manchon à plateau, ce qui permet l'isolement complet de l'évite-molettes pour les réglages.

La vis B porte deux écrous réglables CC′, munis des deux cames profilées DD′ symétriques qui, à la fin de chaque cordée, viennent mettre en mouvement les leviers E ou E′ et provoquent ainsi la rotation de l'arbre F, quel que soit le sens, d'un angle de 33° 1/2.

Le contact du levier E avec la came D est réglé pour commencer six tours avant la fin de la cordée, de même pour E′ et D′ au mouvement inverse. Au bout de trois tours, le déplacement de tout un système articulé, composé des balanciers, bielles, leviers, douilles, etc., produit la mise en contact des cônes d'embrayages mobile et fixe U et V. Le détail de tout le mécanisme intermédiaire est représenté par les figures 1 et 2 de la planche ; ce mécanisme comporte : des balanciers à bras inégaux GG′, calés sur l'arbre F et s'articulant sur des bielles HH′ ; des douilles à articulation II′, guidant les bielles HH et conduisant les balanciers entretoisés KK′, fous sur l'arbre R ; une douille à articulation L fixée sur KK′ et conduisant les bielles M ; une douille à articulation O guidant la bielle M et conduite par un ressort à boudin N à tension variable ; des leviers QQ′ clavetés sur l'arbre R et conduits par la douille O ; enfin, des leviers SS′ clavetés sur l'arbre R et conduisant l'embrayage à friction dont le collier est représenté en T.

Pendant deux tours et demi, le contact est maintenu par la compression réglable du ressort N. Un demi-tour avant la fin de la cordée (fig. 3, pl. hors texte), la came D quitte le levier E ; le contrepoids Z élevé précédemment par les balanciers KK′, retombe et ramène tout le système dans sa première position. La vitesse de chute du contrepoids Z est modérée par un piston à air Y.

Il faut remarquer que l'arbre F n'est entraîné que dans un sens par chacun des leviers E et E′, et lors du retour de ces deux leviers à leur position primitive, les choses sont disposées de telle façon que l'arbre F n'est entraîné ni par E ni par E′ dans leurs courses rétrogrades.

Les cônes de l'embrayage de friction étant en contact, l'arbre W est mis en mouvement par les roues d'engrenages A_1B_1 et V.

Cet arbre W (fig. 4, pl. hors texte) actionne d'abord le système des engrenages C_1D_1 mettant en marche le régulateur E_1, puis, par l'excentrique I_1 et sa tige, la butée H_1.

A une certaine vitesse de la machine, le régulateur, accélérant l'allure, abaisse (fig. 4, pl. hors texte) les bielles pendantes GG_1' articulées sur les balanciers F_1F_1' conduits par le collier du régulateur, d'où s'ensuit l'abaissement de la butée H_1. Par suite de ce mouvement, le guide K_1 et la tige L_1 du tiroir à air comprimé sont déplacés d'une quantité égale à la course de l'excentrique I_1. Le tiroir M_1 qui, précédemment, découvrait l'admission d'air comprimé à la boîte à tiroir du cylindre de frein, est déplacé sur sa glace. L'air comprimé qui, arrivant par la conduite O, tenait auparavant le piston soulevé, peut s'échapper par les conduites N_1 et P_1 (fig. 4, pl. hors texte) ; le contrepoids rendu libre serre alors le frein et ralentit les machines.

La butée R_1, grâce à la tige S_1 et au ressort T_1, maintient le tiroir dans sa nouvelle position.

Le ralentissement une fois obtenu, le régulateur baisse ; les butées H_1 et R_1 se relèvent, le tiroir alors rendu libre est ramené dans sa première position par le ressort V_1 ce qui permet de nouveau l'admission de l'air comprimé au-dessous du piston du frein ; la machine pourra donc achever sa cordée.

On pourrait donc croire qu'ayant ainsi obtenu une vitesse réduite on mettrait en jeu, s'il était nécessaire, le deuxième appareil d'arrêt instantané. Mais il n'en est rien, car il peut parfaitement se faire que le desserrage du frein subisse un retard, que les machines reprennent de la vitesse et que le frein fonctionnant trop tard, la cage arrive avec trop de vitesse à l'évite-molettes. C'est pour parer à ce gros inconvénient que l'appareil comporte un dispositif de renversement automatique de la marche des machines.

2° *Renversement automatique de la marche des machines.* — La barre de commande du servo-moteur sert de glissière à un loquet vertical articulé à une tige qui coulisse sur le levier de changement de marche, levier attaqué par le servo-moteur. Cette tige, solidaire de la contre-poignée du levier de commande, participe donc au mouvement vertical du loquet et au mouvement oscillant du levier de changement de marche. Dans son mouvement, sa partie inférieure, si elle n'est pas soulevée, peut entraîner une pièce placée sur son chemin.

Cette pièce est un levier vertical, qui est relié au petit tiroir M_1 par l'intermédiaire des pièces X_1U_1, l'actionne et fait fonctionner ainsi le frein et par suite la soupape qui sert d'obturateur à la vapeur. Cette action du levier sur le petit tiroir se produit si le verrou et sa tige sont en bas de leur course, mais ne se produit pas quand le mécanicien soulève la contre-poignée du levier de commande du servo-moteur.

Les figures 2 et 3 de la planche hors texte donnent le détail du mécanisme de commande du changement de marche qui comprend : une roue d'engrenage *a*, clavetée sur F et conduisant un pignon *b* placé sur l'arbre *c* ; un plateau à rainure circulaire D, claveté sur *c* portant deux cames symétriques réglables *e e'* ; un levier *f* à coulisse circulaire glissant dans la pièce *g*, qui est l'arbre support du levier *f* ; un levier horizontal *i* conduisant le levier *h* ; une tige *j*, reliée à la contre-poignée du levier de changement de marche ; un levier *k* claveté sur *g* et enfin une tige *l*, conduisant le tiroir du servo-moteur.

L'arbre F (fig. 2 et 3, pl. hors texte), par les engrenages *a*, *b* et l'arbre *c*, met en mouvement le plateau *d* à rainure circulaire, muni de deux cames symétriques *e* et *e'*. Dans le plan de ces cames un loquet *f* se trouve avancé par le jeu des pièces *h*, *i*, *j*. Quand le machiniste abandonne la contre-poignée du servo-moteur, le réglage des cames *e e'* sur le plateau *d* est disposé de telle façon que, un demi-tour avant la fin de chaque cordée, le loquet *f* soit déplacé, ce qui entraîne le mouvement des pièces *g* et *k* et par suite celui de la tige *l* qui entraîne le tiroir du servo-moteur dans le sens convenable pour que l'admission de la vapeur au cylindre soit renversée automatiquement.

Grâce à ce dispositif, si même le régulateur laisse reprendre de la vitesse quand les cages arrivent au jour et si même le mécanicien ne renverse pas la vapeur, de lui-même, l'appareil le fait automatiquement. Comme pour le premier organe, lorsque la came D quitte E, le contrepoids Z ramène le plateau *d* dans sa position moyenne, le servo-moteur redevient donc libre.

Bien que la vitesse soit ralentie, le mécanicien, par une fausse manœuvre, pourrait encore laisser monter les cages jusqu'aux poulies. C'est pour parer à ce deuxième inconvénient que l'on a de plus combiné un deuxième appareil qui, lui, est directement actionné par les cages.

Le deuxième appareil consiste en un taquet, placé à 5 mètres en contre-haut du niveau de la recette, qui peut être soulevé par les cages. Lorsque ce cas se produit, le taquet fait échapper un déclic qui rend libre un contrepoids. Ce dernier agit sur le grand tiroir du frein. L'air comprimé qui se trouvait au-dessous du piston peut s'échapper et en même temps le dessus du piston est mis en communication avec l'air comprimé. Le frein agit donc ainsi avec une extrême rapidité et sa puissance est assez forte pour produire un arrêt presque instantané de la cage. Malgré cette action rapide, il n'y a plus à risquer de rupture du câble, car le frein n'agit ainsi qu'alors que, comme nous l'avons vu, la marche de la machine est déjà extrêmement ralentie.

Évite-molettes des Mines de Liévin.

L'évite-molettes des Mines de Liévin est étudié en vue de réaliser le programme suivant :

1° Le mécanicien reste libre de l'allure de sa machine pendant la plus grande partie du trajet des cages dans le puits;

2° Lorsque la cage montante arrive à une distance déterminée du jour, 60 mètres par exemple, l'appareil entre en action et, pour toute nouvelle position de la cage, fixe une vitesse qui ne peut être dépassée. Les vitesses tolérées au mécanicien décroissent au fur et à mesure de l'approche des taquets et sont peu importantes, un mètre par exemple, pour toutes les manœuvres et les positions accidentelles de la cage entre les taquets et les molettes;

3° Si le mécanicien dépasse la vitesse tolérée, pour une position déterminée de la cage, l'appareil ferme l'arrivée de vapeur et forme frein. L'action du frein est très variable, suivant la position de la cage. Quand celle-ci est à une grande distance du jour, l'action est lente et progressive; elle devient de plus en plus rapide, à mesure que la cage arrive près de la recette;

4° Lorsque la cage dépasse un point déterminé entre la recette et

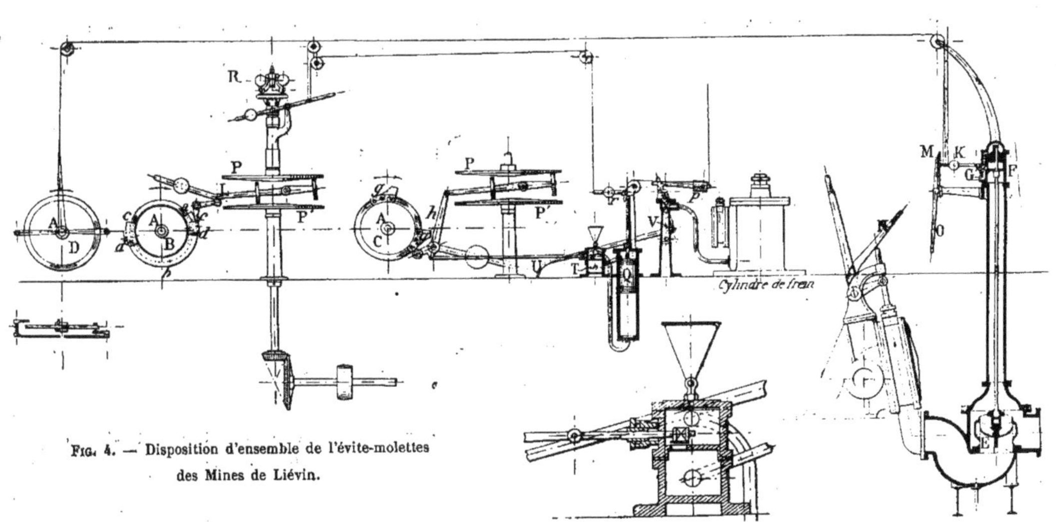

Fig. 4. — Disposition d'ensemble de l'évite-molettes des Mines de Liévin.

Fig. 5. — Détail du tiroir de distribution du frein.

les molettes, l'action du frein est instantanée, et ceci sans danger, puisque, du fait de l'appareil, la vitesse se trouve limitée. Le serrage instantané s'obtient par un sabre placé dans le chevalet et actionné par la cage;

5° Lorsque la cage descend, la vitesse est limitée pendant quelques mètres sous la recette, puis le mécanicien redevient maître de l'allure de la machine:

6° Pour assurer le fonctionnement constant de l'appareil, un organe spécial provoque à chaque voyage la fermeture de la prise de vapeur pendant l'ascension, et le mécanicien est obligé de mettre son levier de modérateur à la position *fermé à fond* pour pouvoir, à nouveau, introduire dans les cylindres.

L'appareil dont nous venons de préciser le but a trois séries d'organes principaux (fig. 4 à 8) :

1° Un arbre horizontal A, commandé par l'arbre de la machine, au moyen d'une vis sans fin, de telle sorte que la rotation de cet arbre soit inférieure à un tour pour une ascension de la cage. L'arbre porte trois plateaux B, C, D, munis de cames et de butoirs, dont nous expliquerons plus loin le fonctionnement;

2° Un régulateur R, muni à sa partie inférieure d'un plateau circulaire P. Au-dessous du plateau P se trouve un deuxième plateau P′ supporté par une tige verticale qui se trouve dans le prolongement de l'axe du régulateur. La tige et le plateau P′ reçoivent un mouvement de rotation de l'arbre de la machine à l'aide d'engrenages d'angles et de poulies. Entre les plateaux P et P′ se trouvent placés deux galets en cuir, calés sur le même arbre et tournant dans une douille en forme de croix. Les deux bras de cette croix, perpendiculaires à l'axe des galets, portent des coulisseaux qui se meuvent dans des glissières horizontales placées de chaque côté des plateaux. De plus, le système est muni d'un levier L qui peut, à volonté, produire par son déplacement le contact des galets avec les plateaux et, par suite, entraîner ou arrêter le mouvement du régulateur;

3° Une soupape équilibrée E qui, placée en avant du modérateur, est la partie essentielle de l'appareil. Cette soupape est supportée par une tige fixée à un petit piston dont la face supérieure est toujours en communication avec l'échappement. La face inférieure de ce piston, au contraire, est toujours reliée à l'arrivée de vapeur par un petit trou F, percé dans le fond inférieur du cylindre et, incidemment, avec l'échappement par la petite soupape G, à ouverture automatique, commandée par un contrepoids K maintenant la soupape G fermée. Le piston supérieur de la soupape E est maintenu en haut de sa course par la pression intérieure et la soupape E, commandant l'arrivée de vapeur est, de ce fait, ouverte. Si, au contraire, on vient à agir sur le contrepoids K, la petite soupape G s'ouvre et établit la communication au-dessous du piston avec l'échappement et celui-ci retombe sur son siège en entraînant la fermeture de la soupape E et, par suite, l'arrivée de vapeur au modérateur. L'orifice de la soupape G est, en effet, supérieur à l'orifice F.

La figure 4 donne le schéma complet de l'évite-molettes; pour faciliter la compréhension de la figure, on a représenté séparément les trois plateaux B, C, D avec les rôles qu'ils remplissent, bien qu'en réalité ces trois plateaux soient calés sur le même arbre A.

Le plateau B, dont le détail est donné par les figures 3 et 4, a pour

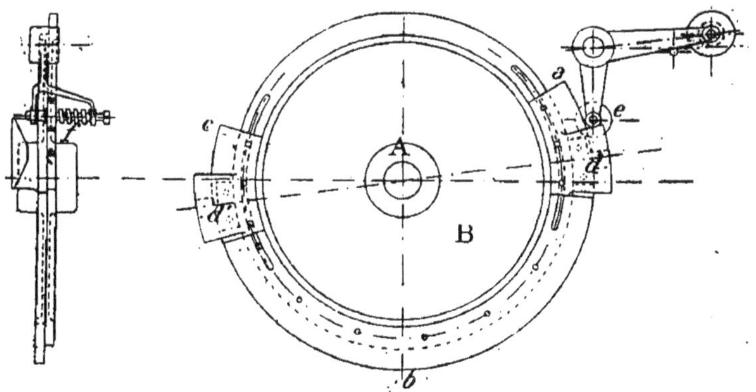

Fig. 6 et 7. — Vue de côté et élévation du plateau d'embrayage du régulateur.

but d'effectuer l'embrayage ou le désembrayage du régulateur, au moment où la vitesse doit être réglée. Le mécanicien est laissé maître de sa machine depuis le moment où la cage descendante a parcouru quelques mètres sous les taquets jusqu'au moment où la cage montante est à une soixantaine de mètres du jour.

A cet effet, le plateau B porte un chemin de roulement *abc* et deux cames *d* et *d'*. Pendant la course libre, le galet *e*, grâce au ressort *f* (fig. 6) est maintenu sur le chemin de roulement *abc* et le régulateur est débrayé. Au moment où le ralentissement doit se produire, c'est-à-dire à 60 mètres du jour pour la cage montante, l'extrémité de l'axe du galet vient rencontrer la came *d* qui comprime le ressort, ce qui oblige le galet à quitter son premier chemin de roulement pour s'engager sur un plan incliné sur lequel il est maintenu par sa joue. Le galet se rapproche du centre du plateau et entraîne le déplacement du levier I qui a pour résultat la mise en marche du régulateur. La montée de la cage continue et le point a, terminus du chemin de roulement, vient dépasser le galet qui, n'étant plus maintenu, reprend grâce à son ressort f sa position première. Mais comme le chemin de roulement *abc* est passé, le régulateur reste embrayé pendant le reste de l'ascension. A la descente, le phénomène inverse se produit dès que quelques mètres sont parcourus; le galet rencontrant l'extrémité a du chemin de roulement est relevé brusquement et le débrayage du régulateur s'ensuit et dure jusqu'à ce que la came d' vienne jouer le rôle que nous venons de décrire par la came d.

Le but du plateau C est de régler la vitesse du régulateur. On comprendra aisément que le déplacement rationnel des galets d'entraînement permette de régler la vitesse du régulateur, quelle que soit la vitesse du plateau inférieur de commande.

Supposons, en effet, que l'on impose au mécanicien de ne pas dépasser, pour les distances au jour, représentées en abscisses (fig. 8), les

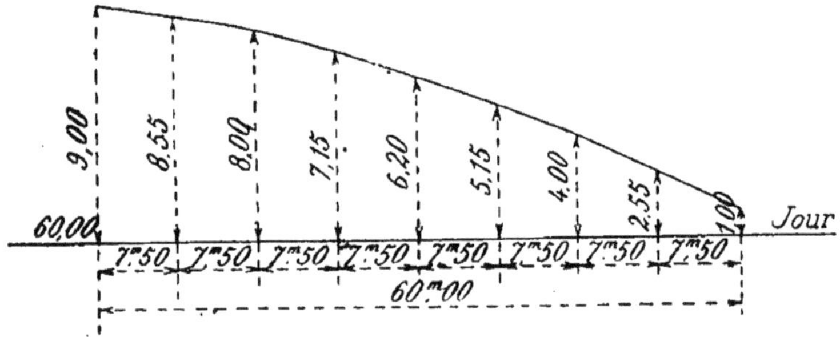

Fig. 8. — Courbe des vitesses imposées en fonction des distances au jour.

vitesses figurées en ordonnées ; il suffira pour cela de donner aux galets des positions telles que, pour toutes les vitesses portées en ordonnées, le régulateur soit dans une position d'équilibre. Ce résultat est obtenu par le plateau C et les deux cames g et g', un galet de commande du levier h et deux petites bielles qui déplacent dans les glissières la croix portant les galets de mise en marche du régulateur. Si le mécanicien ne suit pas exactement et dépasse un peu la courbe de vitesse prescrite, le régulateur se soulèvera et, par deux petits câbles, actionnera la soupape équilibrée E et la conduite de vapeur du frein.

L'action du régulateur sur les différents organes est la suivante :

1° *Action du régulateur sur la soupape équilibrée.* — Nous avons précédemment expliqué que, par l'action sur le contrepoids K, on ferme immédiatement la soupape. Ce résultat sera donc également atteint par le levier du régulateur, celui-ci étant relié à la petite soupape G par un câble métallique passant sur des galets de guidage. Mais le levier du contrepoids K, en s'élevant, vient reposer sur une butée M et maintient ainsi la soupape G ouverte, la soupape d'arrêt E reste dès lors fermée. Pour l'ouvrir, il faut donc que le mécanicien ramène le levier du modérateur à la position *fermé à fond*, mais ce levier, dans son mouvement, entraîne un deuxième levier N solidaire qui, venant buter sur le levier O, provoque le déclenchement du cran d'arrêt M et la remise dans sa position normale du contrepoids K et, par suite, la fermeture de la soupape G, d'où également l'ouverture de la soupape E. Le régime normal est ainsi rétabli.

2° *Action du régulateur sur le frein.* — Cette action a une très haute importance ; en cas d'oubli du mécanicien l'action sur le frein se fait automatiquement, bien que le mécanicien conserve en temps ordinaire sa libre action sur le frein.

Ce desideratum est obtenu par le dispositif suivant :

La vapeur arrive en V (fig. 4) et est retenue par une soupape chargée du contrepoids P. Si l'on déplace le contrepoids P de droite à gauche, son action sur la soupape diminuera et tendra à devenir nulle et l'on obtiendra graduellement le serrage progressif du frein par l'admission modérée de la vapeur. Le contrepoids P est sollicité vers la gauche par le piston pesant Q, qui se meut dans un cylindre rempli de liquide. En marche normale, le mouvement du piston Q est arrêté par le contrepoids *r*, qui maintient la tige du piston Q par un taquet d'arrêt. Mais dès que le régulateur se soulève et que, grâce à un fil métallique, il soulève le poids *r*, le serrage total du frein se produit et cela d'autant plus vite que la descente du piston Q sera plus rapide. Or cette descente du piston Q dépend naturellement, comme il est dans un milieu incompressible, de la plus ou moins grande section d'ouverture de la conduite reliant la partie haute et la partie basse du cylindre. Le réglage de la section d'ouverture se fait par le petit tiroir T (fig. 1 et 2) qui est relié au levier actionné par la came *g*, l'orifice augmente donc à mesure que la cage se rapproche du jour. Le frein ayant fonctionné est remis dans sa position première par le levier *u* qui ramène également le poids P et le piston Q dans leurs positions normales.

3° *Arrêt instantané au-dessus des taquets.* — Lorsque la cage atteint et dépasse un certain point au-dessus des taquets, elle agit sur un sabre. Celui-ci, à l'aide d'un câble métallique (fig. 4), soulève le poids

P et le freinage se fait instantanément. Un autre câble soulève le contrepoids K, ce qui provoque la fermeture immédiate de la soupape d'arrêt E.

4° *Appareil d'arrêt à chaque voyage.* — Il comporte comme élément essentiel un troisième plateau D qui porte (fig. 4) deux butées agissant en marche avant et arrière sur deux leviers réunis par deux câbles à un câble unique de commande. A une certaine distance du jour, la butée abaisse le levier qui, agissant sur le câble, actionne le contrepoids K et le soulève, ce qui entraîne la fermeture de la soupape d'arrêt. Pour remettre en marche, le mécanicien est obligé de ramener son levier du modérateur à la position *fermé à fond,* ce qui entraîne la remise en place du contrepoids K par suite de l'action du levier N agissant sur la tige O.

Évite-molettes E. Reumaux, des Mines de Lens.

Dans l'évite-molettes Reumaux (fig. 9), dont le but est le même que celui des appareils précédents, il faut distinguer trois parties principales :

1° L'obturateur *a* ;

2° Le cylindre de manœuvre automatique du tiroir du frein à vapeur *b* ;

3° L'appareil pour la manœuvre automatique du frein par intensité réglée.

Ces trois parties sont complétées par des doigts fixés au disque de la sonnerie, par des soupapes diverses *d, e, f, g,* par un cylindre de vapeur et enfin par le frein lui-même avec son tiroir et les leviers de manœuvre.

Le rôle de ces divers organes est le suivant :

1° *Obturateur.* — L'obturateur *a* est formé par un cylindre disposé à angle droit sur la conduite d'arrivée de vapeur, immédiatement en avant du modérateur ; dans le cylindre peut se mouvoir un double piston qui ferme la conduite de vapeur automatiquement en un point de la course de la cage que l'on peut régler à volonté.

La fermeture s'obtient par la mise en communication de la face avant du petit piston avec l'échappement. La pression de la vapeur continuant à agir sur l'autre face, la différence de pression fait mouvoir le double piston de gauche à droite et provoque la fermeture de l'arrivée de vapeur. La communication de la face avant avec l'échap-

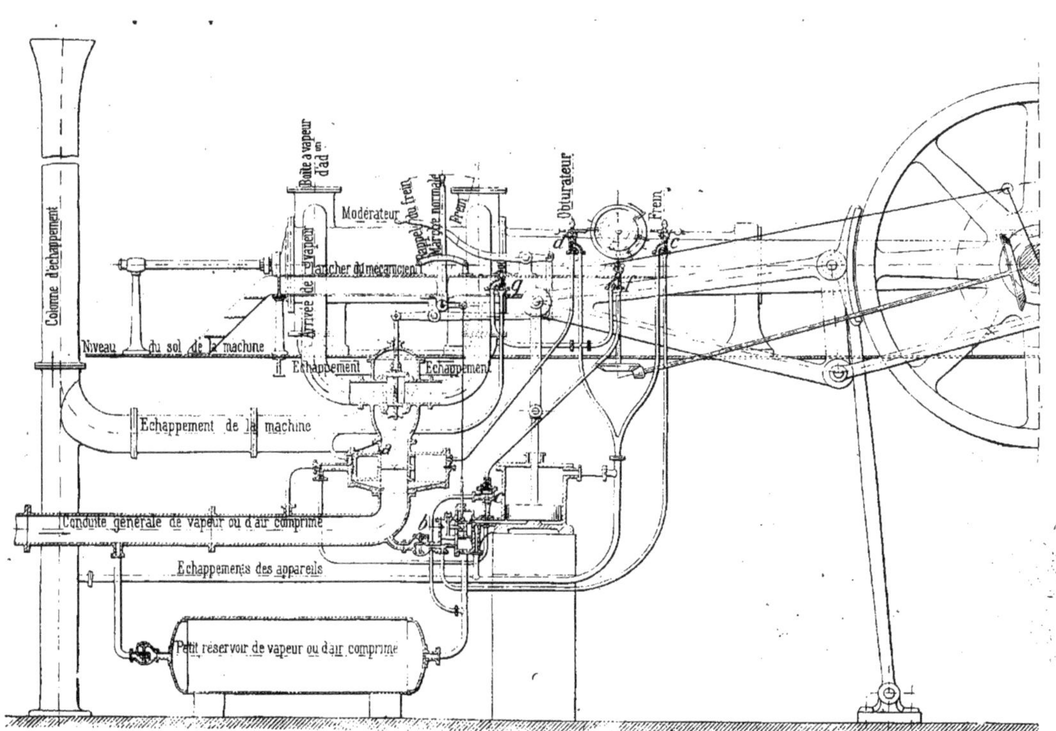

Fig. 9. — Disposition d'ensemble de l'évite-molettes Reumaux, des Mines de Lens.

pement est obtenue à l'aide d'un doigt fixé sur le disque de la sonnerie et disposé de telle façon qu'il vienne agir sur le levier de la petite soupape *d*, au moment même où le mécanicien doit régulièrement fermer son modérateur pour se rendre maître de la vitesse de la machine, soit à environ 30 ou 40 mètres de distance de la cage à la recette. L'ouverture de la soupape met donc le cylindre avant à l'échappement. Un deuxième doigt viendrait assurer le deuxième fonctionnement de l'obturateur si la cage dépassait trop le point d'arrivée et fonctionnerait ainsi comme évite-molettes proprement dit. La réouverture de la conduite de vapeur s'obtient en mettant la face avant du grand piston en relation avec l'échappement à l'aide de la soupape *g* qui se trouve ouverte par le mouvement que le mécanicien est obligé de donner au levier du modérateur, lorsqu'il veut fermer ce dernier.

On voit donc que l'obturateur n'oblige à aucune manœuvre en plus, puisque le mécanicien doit toujours agir sur son modérateur. Tel qu'il est disposé, l'appareil permet simplement, si le mécanicien vient à négliger la fermeture de son modérateur, d'arrêter automatiquement la marche de la machine.

2° *Cylindre de manœuvre automatique du tiroir du cylindre de frein.* — Nous venons de voir que l'obturateur a pour but d'agir automatiquement sur l'arrivée de vapeur, le cylindre de manœuvre a, lui, pour but d'agir automatiquement sur le frein.

En marche normale, le tiroir du cylindre de frein est placé de telle façon que le cylindre de frein soit à l'échappement. Le mécanicien est naturellement maître de le mettre à l'admission et de faire ainsi le serrage, mais, de plus, le frein fonctionne automatiquement dans les circonstances suivantes : 1° comme évite-molettes ; 2° dans le cas d'une rupture de la conduite de vapeur.

1° Si la cage dépasse d'environ 1 mètre son point d'arrivée, un doigt placé également sur le plateau de sonnerie vient ouvrir une petite soupape *e* qui met à l'échappement le bas du cylindre *b*. La partie supérieure de ce cylindre étant en communication avec la vapeur sous pression, le piston du cylindre descend et dans sa descente il entraîne à l'aide d'un doigt, le tiroir du cylindre de frein. Ce tiroir étant déplacé, la vapeur peut s'introduire dans le grand cylindre et y produire instantanément un serrage énergique.

2° Le petit cylindre produit encore le serrage instantané en cas de rupture d'une conduite de vapeur ou d'explosion d'un générateur. Dans ce cas, il est évident que l'effet même de l'accident sera de rendre nulle la pression dans les conduites de vapeur et de mettre immédiatement la partie inférieure du cylindre *b*, sous le piston, en contact avec l'air. Le piston se déplacera encore de haut en bas sous l'action de la vapeur sous pression agissant à la partie supérieure, le piston entraînant par son doigt le tiroir du frein, la vapeur y sera admise et occasionnera instantanément le serrage. Nous venons de dire que la cause même de l'accident ramènerait à zéro la pression de la vapeur dans les conduites ; aussi n'est-ce pas de là que provient la vapeur agissant ici. Celle-ci provient, dans ce cas, du réservoir spécial de vapeur qui permet d'avoir toujours en réserve la vapeur nécessaire. En temps normal, en effet, ce réservoir communique continuellement avec la circulation générale de vapeur sous pression, il est donc à cette même pression. En cas d'accident, le clapet de sûreté, placé à l'avant, l'isole complètement du reste de la conduite, le réservoir est donc toujours prêt à fonctionner si le besoin s'en fait sentir. On voit donc que, grâce à ce cylindre de manœuvre, on obtient le serrage instantané du frein dans les deux cas où cela est nécessaire.

3° *Appareil pour le serrage du frein par intensité réglée.* — Pendant la circulation du personnel dans le puits, alors que la manœuvre est plus lente, un serrage modéré du frein suffit et est même préférable. Ce serrage modéré est obtenu par un troisième appareil, l'appareil *c*. Le levier de manœuvre du frein étant alors placé de telle façon que par le tiroir du cylindre du frein, il n'y ait ni admission ni échappement, la marche de l'appareil se comprend aisément. Dans le cylindre *e* se meut un petit piston percé d'un petit trou : à la tige inférieure de ce piston est fixé un clapet pouvant fermer la communication directe de l'appareil avec le cylindre de frein, tandis qu'à sa partie supérieure, le piston reçoit l'action d'un ressort qui appuie tout le système sur son siège et empêche le serrage du frein. Grâce au petit trou, l'équilibre de pression est établi sur les deux faces et l'action du ressort est complète. Pour obtenir un serrage modéré et progressif du frein lorsque la cage arrive à quelques mètres du fond, un doigt placé sur le plateau de sonnerie vient ouvrir la soupape *f* et met ainsi le haut du cylindre *e* à l'échappement. La pression du ressort est vaincue peu à peu et la vapeur soulevant le clapet pénètre dans le cylindre de frein et serre modérément le frein.

A part le dernier cas, qui est un cas exceptionnel, dans lequel on veut obtenir un serrage modéré, ce qui oblige à une manœuvre spéciale du levier de manœuvre, mettant le tiroir du cylindre de frein dans une position mixte, le mécanicien n'a aucune opération à faire en plus qu'à l'ordinaire ; toutes ses attributions se bornent à fermer son modérateur et s'il néglige cette opération, l'obturateur empêche tout accident.

Dispositif additionnel pour l'arrêt de la machine, même en cas de moments négatifs. — On a complété l'appareil par un dispositif supplémentaire permettant l'arrêt même en cas de moments négatifs. A cet effet, le grand piston de l'obturateur porte une tige qui glisse dans un petit cylindre de même diamètre et qui porte à son extrémité un petit clapet conique en bronze. La partie arrière de ce cylindre est reliée à la conduite générale de vapeur sous pression en avant de l'obturateur; de plus, le fond du cylindre est percé d'un orifice qui, par un tuyau de faible diamètre, le met en communication avec le frein à vapeur. Si le tiroir du frein est placé dans une position mixte, isolant le frein de la boîte à vapeur, on voit que, lorsque l'obturateur est ouvert, sa tige fermant le petit orifice empêche l'arrivée de la vapeur au frein par la petite tubulure. Lorsque au contraire l'obturateur est fermé, le petit orifice venant à être découvert, la vapeur entre dans le cylindre du frein et le serre progressivement.

Ordinairement, le machiniste rouvre immédiatement son obturateur et la petite quantité de vapeur ayant passé dans le frein est trop faible pour causer le serrage, mais dans le cas où le machiniste viendrait à négliger de rouvrir son obturateur, la vapeur agirait progressivement sur le frein jusqu'au serrage complet arrêtant la machine. On placera donc, en général, le tiroir en marche normale dans sa position mixte permettant l'effet de ce petit appareil supplémentaire.

Tel est l'évite-molettes étudié par M. E. Reumaux. Sans vouloir critiquer en quoi que ce soit les autres appareils que nous avons précédemment décrits, qui présentent chacun certains avantages et qui, tous, ont donné entière satisfaction, nous croyons que celui qui répond le mieux à tous les besoins de la pratique est l'appareil Reumaux, qui est cependant relativement très simple. Ce type d'évite-molettes a, d'ailleurs, rencontré une approbation générale et nombre de grandes exploitations, tant en France qu'à l'étranger, l'ont adopté récemment.

Il est, du reste, curieux de remarquer que, quoique différant totalement dans leur ensemble, les trois évite-molettes de Lens, de Liévin et de Saint-Étienne sont basés sur le même principe fondamental de la mise en marche des appareils de sûreté par des plateaux à cames ou à taquets.

II. — Barrières pour recettes.

Nous avons passé en revue dans la première partie de cette étude les différents systèmes d'évite-molettes qui figuraient à l'Exposition de 1900; nous allons étudier de la même façon les modèles de barrières pour recettes qui y étaient également exposés.

On sait le grand nombre d'accidents dus aux chutes, dans les puits d'extraction, de berlines entraînant avec elles les rouleurs ou les encageurs. C'est pour remédier à cet état de choses que diverses grandes exploitations ont mis à l'étude de nouveaux types de barrières qui méritent d'être signalés pour les services qu'ils sont appelés à rendre.

Barrière semi-automatique des Mines de Montrambert et de la Béraudière.

Le modèle de barrière en usage dans les fosses nouvelles des Mines de Montrambert et de la Béraudière est semi-automatique; sa simplicité le rend particulièrement intéressant. Le système permet d'avoir des barrières s'ouvrant simultanément à l'avant et à l'arrière de la recette. Ces barrières s'ouvrent sur un faible effort du receveur et sont combinées de telle manière qu'en dehors de cet effort, les recettes ne puissent rester ouvertes que si la cage est en regard.

Dans ce cas seulement, la barrière reste ouverte et si la cage, au contraire, quitte la recette d'un côté ou de l'autre, les barrières se ferment d'elles-mêmes.

Pour arriver à ce résultat, on a adopté (fig. 10 et 11) la disposition suivante :

L'appareil se compose de deux barrières A, formées de panneaux en tôle perforée qui coulissent dans des glissières verticales. Les panneaux sont conduits par des chaines passant sur deux petites poulies de direction puis sur deux grandes poulies auxquelles elles sont fixées. Les grandes poulies sont calées sur le même arbre, l'un sert pour la barrière avant, l'autre pour celle arrière.

L'arbre de commande, placé sur le côté du puits, porte une poulie à gorge sur laquelle s'enroule la chaine d'un contrepoids constituant la partie supérieure d'une tige à piston, dont le piston se meut dans un cylindre à air comprimé D à simple effet. Le distributeur de ce cylindre est tenu normalement abaissé par un levier à contrepoids B à la portée du receveur. Dans cette position, le cylindr est à l'échappement et les barrières maintenues par leur propre poids sont fermées. Pour produire l'ouverture, le receveur n'a qu'à soulever le levier à contrepoids B. Ce levier règle le tiroir d'arrivée de l'air comprimé et celui-ci introduit dans le haut du cylindre et aidé par l'action du gros contrepoids de la tige donnera une résultante plus forte que le poids

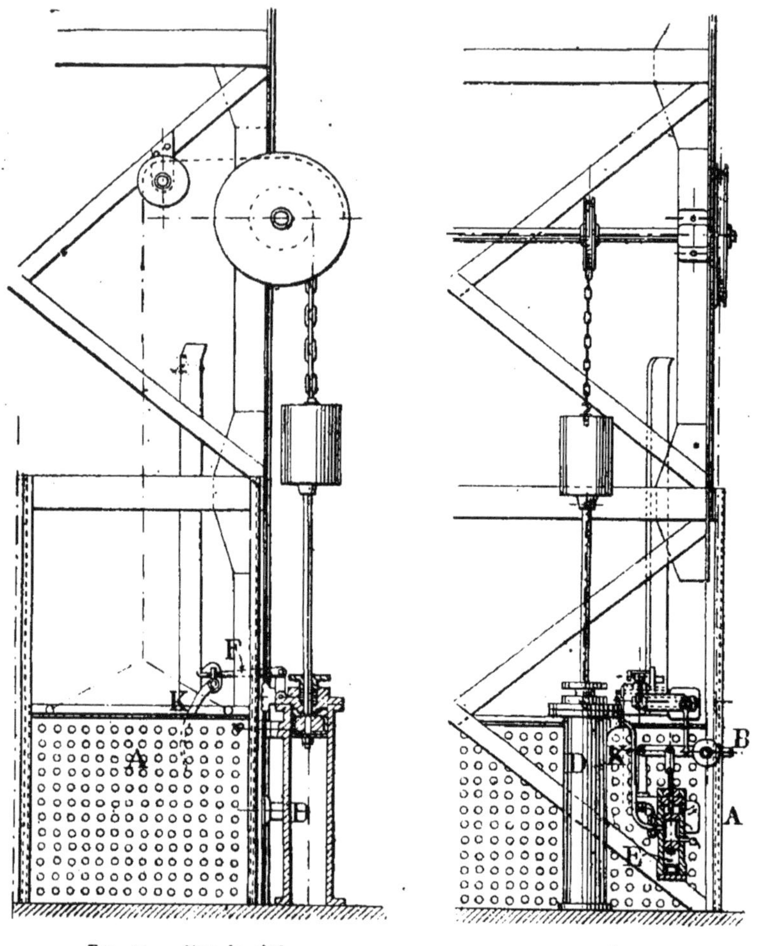

Fig. 10. — Vue de côté. Fig. 11. — Élévation.

Fig. 10 et 11. — Barrière semi-automatique des Mines d Montrambert et de la Béraudière.

des barrières ; celle-ci se trouveront donc soulevées et la recette sera ouverte. Mais, en même temps que se produit ce mouvement, une languette à talon F, reliée au levier B par des renvois articulés, vient accrocher un talon inverse, fixé au moyen d'une came en épicycle K très rapprochée du passage de la cage. Si la cage est à la recette, le receveur peut quitter le levier B. Ce levier, en effet, ne peut plus s'abaisser ; il doit pour cela relever la came et celle-ci est arrêtée par le montant de la cage. Il s'ensuit donc que, tant que la cage sera en regard, la recette restera ouverte, mais, dès que la cage aura quitté la recette, la came sera soulevée et se décrochera, le levier B redevenu libre et entraîné par son contrepoids s'abaissera ; il fermera ainsi l'arrivée d'air comprimé et mettra le cylindre D à l'échappement. L'action des barrières deviendra de nouveau supérieure à celle exercée par le grand contrepoids, et la fermeture de la recette se fera automatiquement, les barrières retombant par leur propre poids.

On voit donc, d'après ce qui précède, que la barrière des Mines de Montrambert n'est que semi-automatique : il faut, en effet, l'action de l'encageur pour l'ouvrir, mais elle se ferme d'elle-même.

Barrière automatique des Mines de Béthune.

Le dispositif adopté aux Mines de Béthune permet à la barrière de rester ouverte tant que la cage est en présence ; mais, sitôt que la cage quitte l'étage, la fermeture se produit d'elle-même. Ces conditions imposées sont excellentes, car, dans cet état de choses, il est bien difficile, pour ne pas dire presque impossible, qu'une chute de berline se produise. La barrière, en effet, est toujours fermée, si la cage n'est pas à l'étage ; elle protège donc toujours la recette. Si la cage est arrivée, il n'y a pas risque de chute.

Ce résultat est obtenu de la façon suivante :

Le dispositif que représentent en son ensemble les figures 12 à 14 et dont les figures 15 à 18 donnent le détail, consiste en un œillet d'enclenchement A que manœuvre la cage en rencontrant la touche B à ressort et que traverse le pivot C de la barrière à sa partie supérieure. Dans l'œillet d'enclenchement A est pratiquée une encoche D, dans laquelle vient pénétrer à la position de fermeture un tenon d'arrêt E, venu de forge à l'extrémité supérieure du pivot. Si la cage vient en regard de la recette, elle agit sur la touche B, pousse donc l'œillet d'enclenchement A et dégage ainsi le tenon d'arrêt E qui rend alors sa libre action à la barrière. On peut donc ouvrir celle-ci, mais par sa rotation la barrière s'élève sur un petit rampant hélicoïdal H formant chemin de roulement, à la base de l'appareil, pour trois galets G fixés à l'axe de rotation du système. La barrière pivote en gravissant le rampant H et on l'ouvre jusqu'à ce que le verrou V, commandé par un ressort vienne rencontrer l'ergot R faisant corps avec l'œillet d'enclenchement A. A ce moment, on n'a plus besoin d'exercer aucune action sur la barrière qui reste ouverte d'elle-même et le receveur peut procéder au chargement de la cage. L'opération terminée, la cage quitte la recette en abandonnant la touche B qui, par son ressort, est ramenée en arrière. Ce mouvement entraîne naturellement l'œillet A; l'ergot R se retirant quitte le verrou de retenue V; la barrière redevenue libre et obéissant à la pesanteur, tourne d'elle-même en des-

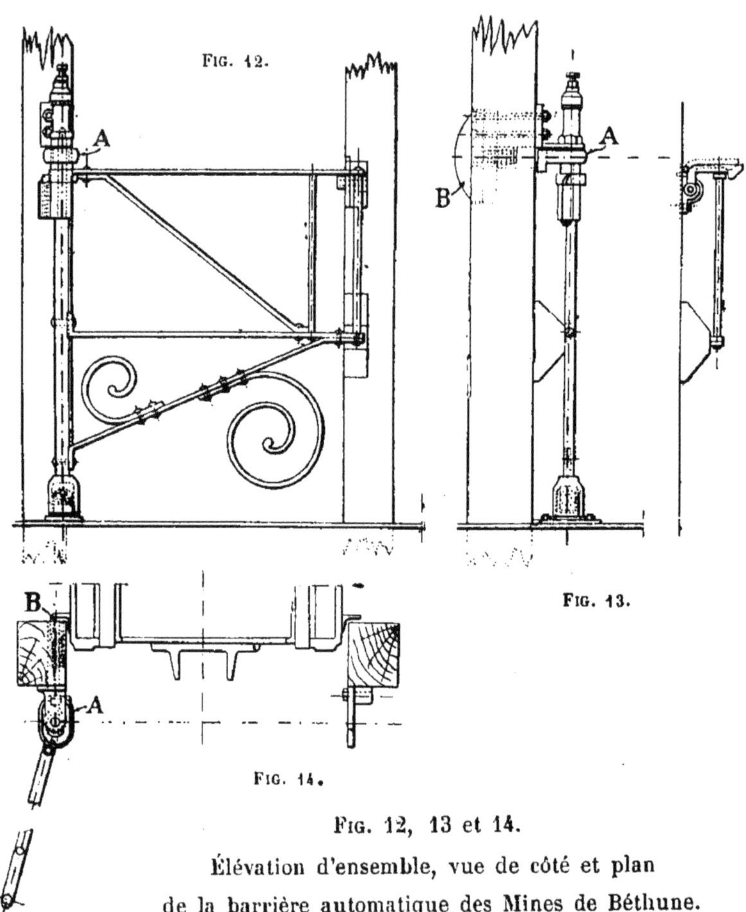

Fig. 12, 13 et 14.

Élévation d'ensemble, vue de côté et plan de la barrière automatique des Mines de Béthune.

cendant sur le rampant hélicoïdal H. Au moment de la fermeture, l'œillet A, toujours sollicité par l'action du ressort de rappel de la touche B, vient, en se remettant dans sa position première, embrayer dans son encoche D le tenon d'arrêt E de l'axe de rotation de la barrière. Il s'ensuit que tout le système est de nouveau ramené dans sa position de fermeture et que pour rendre possible une nouvelle ouverture de la barrière, il est indispensable, tout d'abord, de la rendre libre, ce qui ne peut se faire qu'en agissant sur la touche B placée à l'intérieur du puits. Ce système est parfaitement étudié et satisfait aux conditions les plus rigoureuses; on pourrait peut-être craindre seulement que ce dispositif ne se détériore trop rapidement dans des

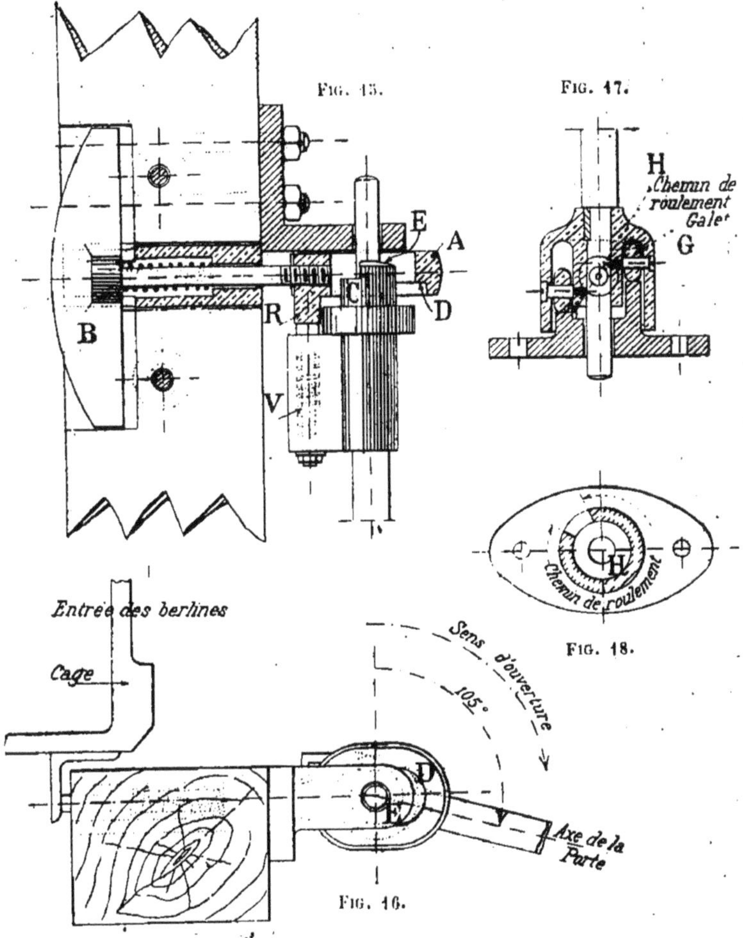

Fig. 15, 16, 17 et 18. — Détails du mécanisme de la barrière, parties supérieure et inférieure.

endroits si peu faits pour entretenir en bon état des mécanismes un peu délicats.

Il n'en est pas moins vrai que, construite d'une façon robuste, cette barrière est réellement bien comprise et présente un très grand intérêt.

Barrières d'accrochage au fond, des Mines de Lens.

On remarquait, dans l'exposition des Mines de Lens, un intéressant dispositif de barrières au fond, dont nous allons donner une description détaillée. Il nous paraît toutefois utile de dire préalablement quelques mots d'un appareil spécial d'enclenchement des taquets du jour par la corde de sonnette du fond. Cet appareil, en effet, est combiné avec le dispositif général des barrières pour éviter les nombreuses causes d'accidents.

Appareil d'enclenchement des taquets du jour par la corde de sonnette du fond. — Ce dispositif, extrêmement simple et ingénieux, consiste à immobiliser normalement les taquets du jour par la corde de sonnette du fond. De cette façon, il est impossible au mécanicien de mettre sa machine en marche pour la cordée suivante, avant que la sonnette n'ait fonctionné, déclenchant les taquets du haut et laissant la voie libre à la cage descendante.

C'est donc le chargeur du fond qui, alors que tout est terminé en bas pour la montée, déclenche les taquets du jour en donnant le signal au mécanicien.

Le dispositif (fig. 19 et 20) se compose de trois parties essentielles :

1° La tige de la sonnerie T, se continuant sur toute la hauteur du puits et comprenant la partie plane F, enclenchant dans les encoches E des taquets du jour ;

2° La sonnerie proprement dite, comprenant la sonnette à ressort S et les divers leviers I d'enclenchement du crochet G de la tige ;

3° Le système des contrepoids B composé des deux contrepoids P et des leviers et axes divers permettant le mouvement. Ceci dit, le fonctionnement de l'appareil se comprend à première vue.

Le chargeur, au fond, se trouve dans la direction de la flèche A. Quand tout est prêt, il tire sur la tige de la sonnette dans le sens de la flèche A. Ce mouvement relève les contrepoids P, agit à l'aide du crochet G sur les leviers L de la sonnette et fait sonner celle-ci. Mais, en même temps, la partie plane F de la tige qui auparavant s'emboîtait dans les encoches E des arbres des taquets et, de ce fait, paralysait tout mouvement des taquets, quitte sa position en rendant libre le mouvement de l'arbre D. Les taquets peuvent donc être effacés et la cage n'étant plus arrêtée pourra descendre librement,

Description de la barrière d'accrochage au fond. — Les dispositifs de sûreté des barrières du fond ont pour but de satisfaire aux conditions suivantes :

1° Ne pouvoir sonner que si les barrières, tant du côté des bennes pleines que du côté des bennes vides, sont fermées ;

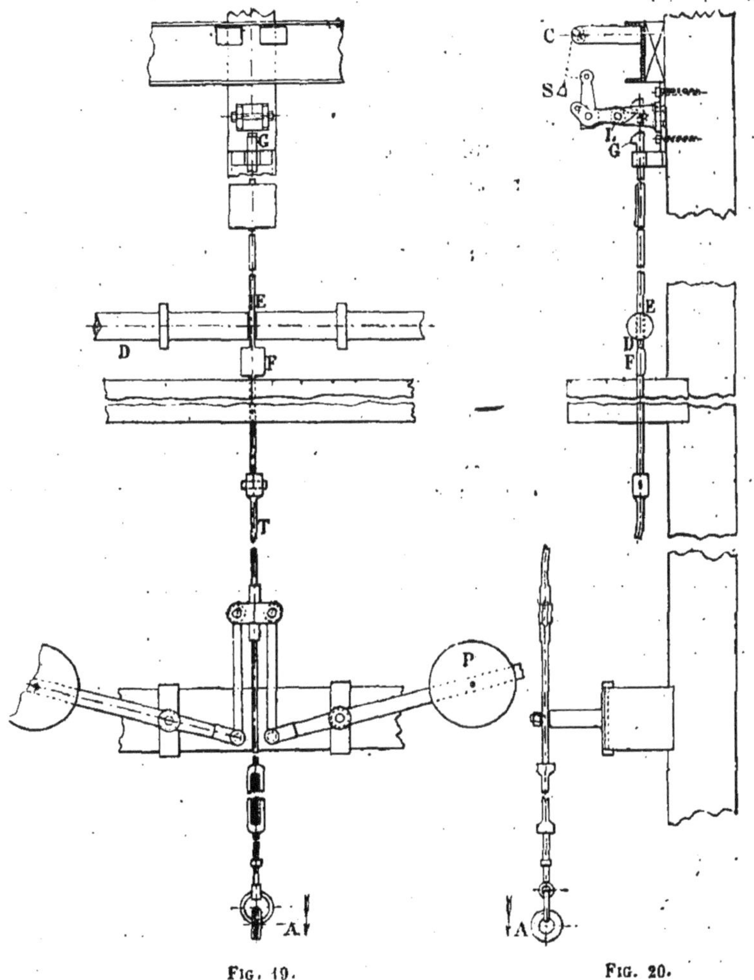

Fig. 19 et 20. — Élévation et vue de côté du mécanisme d'enclenchement.

2° Ne pouvoir maintenir ouvertes les barrières du côté des bennes pleines et des bennes vides que si le levier de sonnerie occupe la position dans laquelle les taquets du jour sont immobilisés et si la cage est à l'accrochage.

Les figures 21 et 22 donnent la vue latérale et une vue de face, du côté du petit accrochage, des appareils réalisant les conditions précédentes. Le fonctionnement des barrières du grand accrochage, disposées d'une façon analogue à celles du petit accrochage, peut se comprendre sans figure spéciale. Les quatre barrières F, F_1, F', F'_1 pivotent autour de leurs axes a, a_1, a', a'_1. Fermées, elles sont rabattues dans la position inférieure ; ouvertes, au contraire, elles sont relevées d'un demi-tour et accrochées aux crochets G, G_1, G'_1, G'. Le levier de sonnette A, commandant la tige de la sonnerie B, porte un prolongement C muni d'un butoir s'enclenchant avec un butoir C_1 de la tige D qui se meut de l'avant à l'arrière et qui est commandée du côté du petit accrochage par la poignée E. Pour pouvoir sonner, il faut que les barrières avant et arrière soient fermées.

Cette première condition imposée aux appareils est satisfaite. Supposons, en effet, que les barrières soient ouvertes : à l'avant, au grand accrochage, lorsque les barrières sont ouvertes, les tenons latéraux K, K' se placent au-dessous du levier A de commande de la sonnerie et empêchent ainsi tout mouvement de celui-ci, la sonnerie ne peut donc fonctionner. Mais même si les barrières avant étaient fermées alors que celles de l'arrière ne le sont pas, la sonnerie serait encore immobilisée, car dans ce cas les parties K_1, K'_1 disposées sur les côtés des barrières F_1, F'_1 empêchent la traction en avant de la poignée E. Or, celle-ci étant à fond de course ainsi que la tige D, le butoir C est en contact avec le butoir C_1, il y a donc impossibilité de faire manœuvrer le levier A. Pour pouvoir sonner, il faut donc qu'à l'avant comme à l'arrière les barrières soient fermées. Si cette condition est remplie, les tenons K, K' rabaissés laissent d'une part libre action au levier A, les tenons K'_1, K_1, de leur côté, laissent la poignée E libre, d'où possibilité de déclenchement des butées C et C_1 et, de ce fait, libre action complète rendue au levier de sonnerie A.

Il nous reste à examiner si les deux autres conditions exigées sont satisfaites :

On a vu que les taquets du jour sont immobilisés dans la position d'enclenchement de la sonnerie, c'est à dire dans la position haute de son levier A. Dans ce cas, en effet, les barrières peuvent être maintenues ouvertes et accrochées aux crochets G G_1 G'_1 G'. Elles ne peuvent rester ouvertes si le levier de sonnerie est abaissé rendant libre les taquets du jour. Au grand accrochage, en effet, si l'on voulait ouvrir, les tenons K K' rencontrant le levier A dans sa position basse, empêcheraient absolument l'ouverture. Du côté du petit accrochage, impossibilité également de maintenir les barrières ouvertes ; de ce

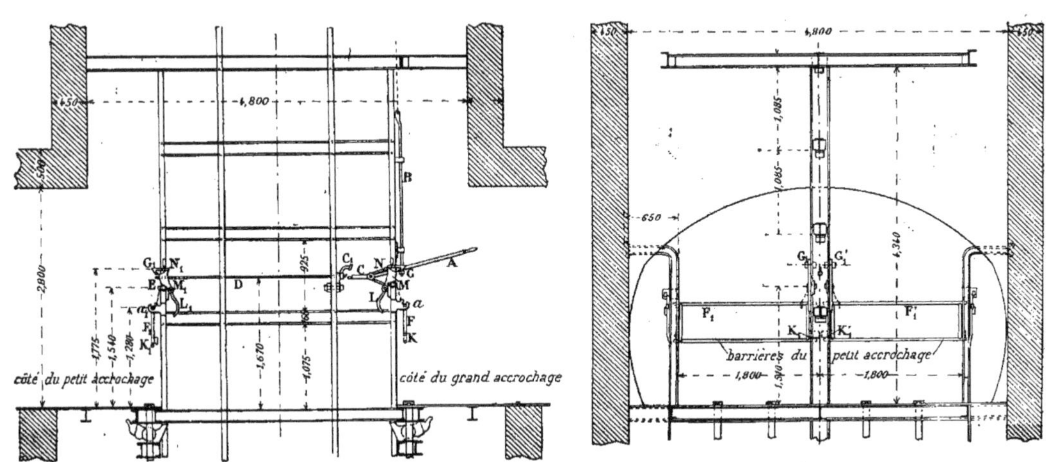

FIG. 21 et 22. — Barrière d'accrochage au fond, des Mines de Lens.

côté, en effet, pour que le levier A ait pu être abaissé, il a fallu déclencher C et C_1, autrement dit tirer la poignée E de commande de la tige D. Or les tenons $K' K'_1$, si l'on voulait ouvrir la barrière, rencontreraient la poignée E, ce qui empêcherait toute ouverture. On voit donc que la deuxième condition est également remplie.

Il faut, enfin, que la cage soit à l'accrochage pour que l'ouverture des barrières puisse être maintenue. A cet effet, on a disposé les leviers $L L_1$ à contrepoids $M M_1$ munis de doigts $N N_1$. Lorsque la cage est à l'accrochage, elle agit par son passage sur les leviers $L L_1$, les presse contre les parois et soulève ainsi les contrepoids $M M_1$, Mais alors les doigts $N N_1$, contre lesquels butaient les crochets d'accrochage $G G_1$, quittent ceux-ci, et les crochets $G G_1$ devenus libres permettent l'accrochage des barrières. La liberté rendue aux crochets $G G_1$ par la présence de la cage descendante, n'a aucune action, comme on le voit, sur les appareils de la cage montante. Ici, au contraire, les crochets $G'_1 G'$, restant enclenchés par les doigts $N'_1 N'$, il y a impossibilité de maintenir la barrière ouverte de ce côté. La condition exigée de la cage à l'accrochage pour permettre le maintien des barrières ouvertes est donc parfaitement remplie.

Lorsqu'on emploie des taquets hydrauliques, au fond, les dispositifs que nous venons de décrire sont encore complétés par d'autres dont le but est d'établir une solidarité entre le fonctionnement des barrières et celui des taquets.

Il est facile de comprendre que l'on peut organiser les choses de telle façon que tel ou tel levier de commande des barrières puisse en même temps agir sur les robinets d'arrivée ou d'échappement de l'eau des taquets et commander ainsi simultanément le mécanisme des barrières et celui des taquets hydrauliques. Nous n'avons pas voulu compliquer inutilement l'explication de l'appareil par la description de ces dispositifs supplémentaires.

En résumé, on peut dire que les barrières des Mines de Lens sont réellement bien comprises. Elles satisfont aux conditions les plus rigoureuses, restant fermées presque continuellement et ne pouvant être maintenues ouvertes que si la cage est en regard. Elles ont, en outre, le grand avantage de ne nécessiter aucune manœuvre spéciale et elles sont enfin constituées par des pièces robustes, peu coûteuses, qu'il est facile de remplacer lorsque le besoin s'en fait sentir.

Barrière de sureté, système R. Warocqué.

Les barrières des puits d'extraction du système R. Warocqué, employées en Belgique, dans les Charbonnages de Mariemont et Bascoup, sont surtout étudiées en vue d'éviter aux recettes du jour les accidents pouvant se produire lorsque la cage s'élève trop haut au-dessus de la recette, laissant un jour au niveau du déchargement alors

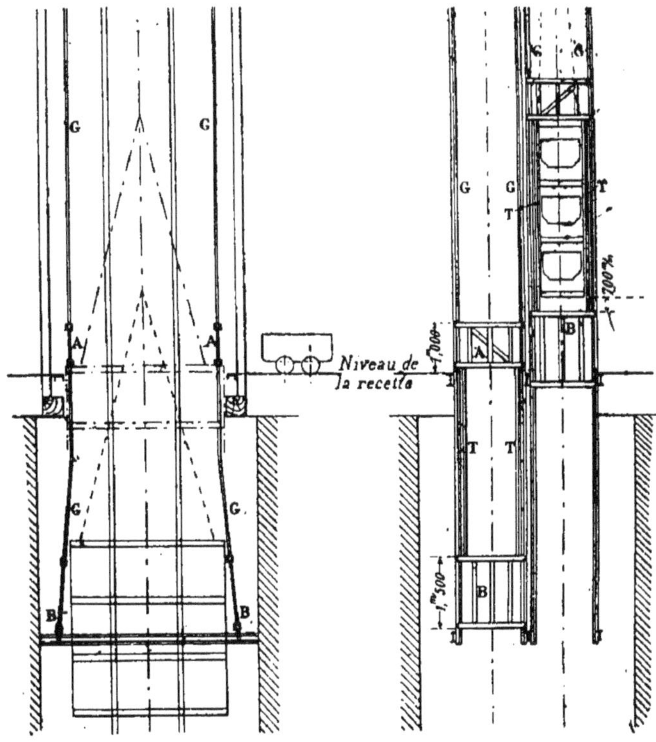

Fig. 23. — Coupe longitudinale, par l'axe du puits.

Fig. 24. — Coupe transversale.

Fig. 23 et 24. — Barrière de sûreté, système R. Warocqué, des Charbonnages de Mariemont et Bascoup.

que la barrière est déjà ouverte. Dans ces conditions, il peut très bien se faire qu'avec une production intensive, les berlines vides puissent être engagées trop hâtivement et que l'espace laissé libre soit assez grand pour permettre la chute de la berline, entraînant trop souvent avec elle la chute de l'encageur qui la conduit. Cet accident peut d'autant plus facilement se produire lorsque les barrières employées sont du type de celles qui sont soulevées automatiquement par la cage laissant ainsi la recette ouverte. Ce type de barrière est précisément très employé en Belgique et le système R. Warocqué présente le grand avantage de permettre l'application d'un dispositif offrant de réelles garanties de sécurité, tout en évitant la seule cause de danger que nous venons de signaler.

Les figures 23 et 24 reproduisent le schéma de l'installation. La barrière A qui ferme l'orifice du puits pendant l'ascension de la cage est soulevée par celle-ci, lors de son arrivée. Tout est donc bien organisé si la cage ne dépasse pas le niveau de la recette. En effet avec ce système, la recette est toujours fermée, sauf lorsque la cage est à l'accrochage. Mais, si la cage vient à dépasser le niveau de la recette, le système simple ne suffit plus et c'est pour remédier à ce grave inconvénient que M. Warocqué a disposé une deuxième barrière B, semblable à la première, suspendue à la barrière A par deux tringles T articulées et flexibles, d'une longueur telle que la distance entre A et B soit plus grande que la hauteur de la cage. A étant soulevé par la cage il en sera donc de même de B et cette dernière viendra masquer l'ouverture de la recette si la cage monte trop haut.

Pour que le système soit efficace, il suffit qu'une berline ne puisse ni passer entre la cage et la barrière B ni entre cette dernière et le plancher de l'accrochage. En supposant qu'on laisse les vides inférieurs de 10 centimètres à la hauteur de la berline, ce qui sera plus que suffisant pour l'arrêter, on aurait, en admettant que la berline ait 80 centimètres de hauteur, comme hauteur totale de sécurité $2 \times (0,80 - 0,10) +$ la hauteur de la barrière B. Si on adopte pour celle-ci 1 mètre par exemple, on aura ainsi une garantie dans les manœuvres permettant des écarts en hauteur de 2m40, ce qui sera plus que suffisant. Rien n'empêche du reste, si l'on veut avoir encore une plus grande limite de sécurité, d'augmenter encore la hauteur de la barrière B. Pour laisser libre passage à la cage en descendant, les guidages des barrières B sont infléchis de telle sorte que ces barrières se placent à des distances suffisantes pour dégager complètement le puits.

Appareils divers.

Les installations des grands charbonnages comportaient, à l'Exposition de 1900, toute une série d'appareils intéressants en dehors des évite-molettes et des dispositifs de fermeture de recettes que nous avons précédemment décrits. Nous allons passer rapidement en revue un certain nombre de ces appareils.

Nous décrirons, tout d'abord, la cage à plancher mobile et taquets de la recette du jour, et l'encagement automatique à la recette du fond en usage à la fosse Boisgelin des Mines de Dourges, appareils qui ne sont pas, à proprement parler, des appareils de sécurité, mais qui simplifiant beaucoup les manœuvres d'encagement et de décagement qui sont toujours assez pénibles, tout en les accélérant et en les facilitant, doivent trouver, croyons-nous, leur place dans notre étude.

Cage a plancher mobile et taquets de la recette du jour.

Le système de cage à plancher mobile que représentent les figures 25 et 26 est appliqué, comme nous venons de le dire, à la fosse Boisgelin des Mines de Dourges, dans laquelle l'extraction a lieu par des cages de huit berlines à deux étages de quatre berlines. Pour accélérer les manœuvres de décagement et d'encagement et, en même temps, pour obtenir une diminution des efforts à fournir par les moulineurs, les planchers des cages sont soulevés à l'arrière au moyen de deux tasseaux, reposant sur des taquets spéciaux. Les berlines, se trouvant ainsi sur un plan incliné, sortent avec une grande facilité et ne nécessitent presque aucun effort.

Les taquets spéciaux, dans le but d'amortir le choc dû à la rencontre des butées des planchers mobiles, sont disposés de façon à agir sur deux puissants ressorts qui, une fois le choc produit, reprennent leur tension initiale et maintiennent le plancher soulevé sur le côté où ils se trouvent.

Le levier de commande L (fig. 25 et 26), par l'entremise de petits leviers et d'une tige, transmet un mouvement angulaire aux deux axes a et a', reposant dans des paliers fixés sur de forts sommiers b et b'. L'arbre a porte (fig. 25 et 26) deux taquets ordinaires c et c_1 à excentriques, l'arbre a' porte outre les deux taquets ordinaires c' c'_1, deux autres taquets d' d'_1 servant à relever le plancher mobile. Les quatre premiers taquets sont destinés à recevoir le châssis de la cage.

Le plancher mobile (fig. 25 et 26) est muni de solides charnières en acier et lorsque la cage est libre il repose sur de fortes entretoises *f* en acier également. Les planchers sont munis à l'arrière de deux tasseaux à talons, destinés à venir buter contre les taquets spéciaux d' d'_1. Ceux-ci portent chacun un bras horizontal venant s'appuyer sur un galet, placé à l'intérieur d'une fourche *i*. De forts ressorts à boudin J, placés dans des cylindres, agissent sur la fourche *i* et leur action est assez puissante pour maintenir le plancher relevé avec sa charge de quatre berlines pleines.

La manœuvre est des plus simples. Lorsque la cage pleine remonte, elle dépasse un peu le niveau de la recette pour permettre au receveur de faire jouer son levier L de commande des taquets, qui tous, de ce fait, sont mis à l'arrêt. La cage en redescendant vient donc buter sur les taquets ordinaires, alors que les deux tasseaux de butée du plancher mobile rencontrent les taquets spéciaux d' d'_1. Il y aura choc amorti et compression momentanée des ressorts, puis l'arrêt obtenu, les ressorts reprendront leur tension et le plancher se trouvera avoir l'inclinaison voulue pour que la sortie des berlines se fasse très facilement et très rapidement.

Avec ce système, il était indispensable d'avoir du côté des vides un niveau plus élevé que du côté des pleins. On a compensé la différence de hauteur en plaçant sur une certaine longueur des plats de roulage à épaisseur croissante. Il n'y a donc, de cette manière, qu'une très faible pente montant vers la cage du côté des vides, ce qui, du reste, ne présente aucun inconvénient, au contraire, car avec ce dispositif les berlines ne tardent pas à rouler d'elles-mêmes vers le puits. Lorsque la manœuvre de décagement et d'encagement est terminée, le receveur fait mouvoir son levier L en sens inverse. Cette manœuvre lui est rendue facile par l'action du contrepoids P. Les taquets effacés, la cage peut redescendre pour une nouvelle cordée.

Ce système, en service depuis deux ans à la fosse Boisgelin des Mines de Dourges, a donné d'excellents résultats, les appareils, sans avoir subi aucune réparation, sont encore à l'heure présente en parfait état, et les manœuvres de décagement, toujours assez pénibles avec les cages ordinaires, se font avec une très grande aisance.

Encagement automatique des berlines a la recette du fonds.

Un autre appareil, qui a donné d'excellents résultats à la fosse Boisgelin des Mines de Dourges, est l'encagement automatique des berlines à la recette intérieure. On a résolu le problème par un ensemble

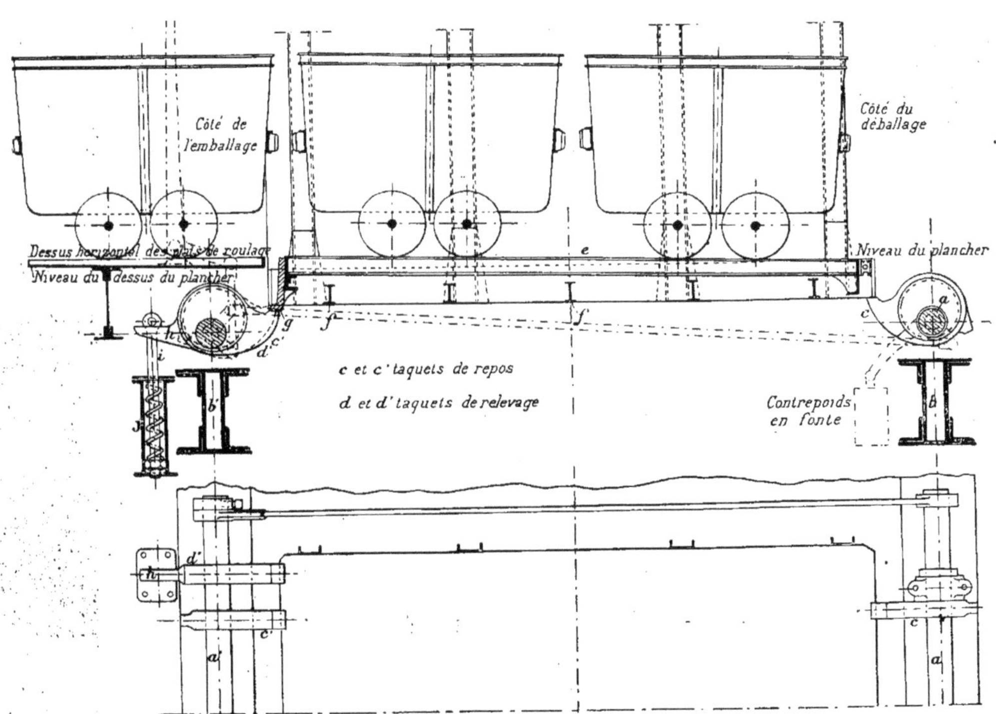

Fig. 25 et 26. — Élévation et plan d'ensemble du dispositif de cage à plancher mobile (Mines de Dourges).

de verrous que la cage descendante avec les berlines vides efface automatiquement. Les berlines pleines, rendues libres, viennent sur une voie en pente s'encager d'elles-mêmes en chassant devant elles les berlines vides. Grâce à ce dispositif, les encagements et décagements au fond se font avec rapidité et économie, le travail est rendu facile et les risques d'accidents sont très réduits.

Les dispositions générales de la recette sont les suivantes : les berlines pleines arrivent d'un côté, les vides sont sorties de l'autre; les premières sont amenées sur des voies en pente avec inclinaison vers le puits. Les cages étant à quatre berlines par étage, disposées chacune deux à deux sur une même voie, il y a donc quatre voies d'encagement, deux pour chaque cage. Ceci posé, voici comment est disposé le système :

Il se compose essentiellement d'un arbre *a* (fig. 27 à 29) autour duquel un levier *b* peut osciller d'un certain angle; du côté du puits ce levier porte, à son extrémité avant, un galet *b'* maintenu dans une fourche et à son extrémité arrière un contrepoids *c*. L'arbre *a* porte un deuxième levier *d*, relié par une bielle *e* à un autre levier *f*, calé lui-même sur un arbre *g*. Sur cet arbre *g* sont encore calés deux autres leviers *k* qui, par des bielles *h*, transmettent les mouvements aux verrous ii_1, $i'i'_1$. Les choses sont disposées de telle façon que, lorsque par suite de l'arrivée de la cage, les verrous ii_1 sont abaissés, les verrous $i'i'_1$ sont au contraire relevés.

Avant l'arrivée de la cage, les berlines pleines occupent la position représentée sur les figures, c'est-à-dire que, sur chaque voie inclinée, sont deux berlines pleines éclusées entre les taquets ii' et $i_1i'_1$, les taquets ii_1 étant relevés et interceptant le passage. Dès que le châssis inférieur de la cage arrive en contact avec le galet *b'*, celui-ci est poussé et son levier étant calé sur l'arbre *a*, ce dernier tourne d'un certain angle. La rotation de l'arbre *a* entraîne le mouvement des bielles et leviers *defkh* et la rotation de l'arbre *g*. Les verrous ii_1 se trouvent alors abaissés et permettent aux quatre berlines pleines éclusées de venir s'encager d'elles-mêmes en poussant devant elles les berlines vides venant du jour. Mais, par le même mouvement de l'arbre *g* que nous venons d'indiquer, les taquets $i'i'_1$ qui, jusqu'alors, étaient effacés, se trouvent relevés et mis à l'arrêt; ils empêchent donc les berlines pleines, placées à la suite, de venir gêner l'opération de l'encagement des premières. Quand l'encagement est terminé, la cage remonte et abandonne le galet *b'*. Celui-ci est rendu libre, le levier *b* est ramené dans sa position primitive par le contrepoids *e* et la rotation de l'arbre *a* en sens inverse se produit, entraînant de nouveau

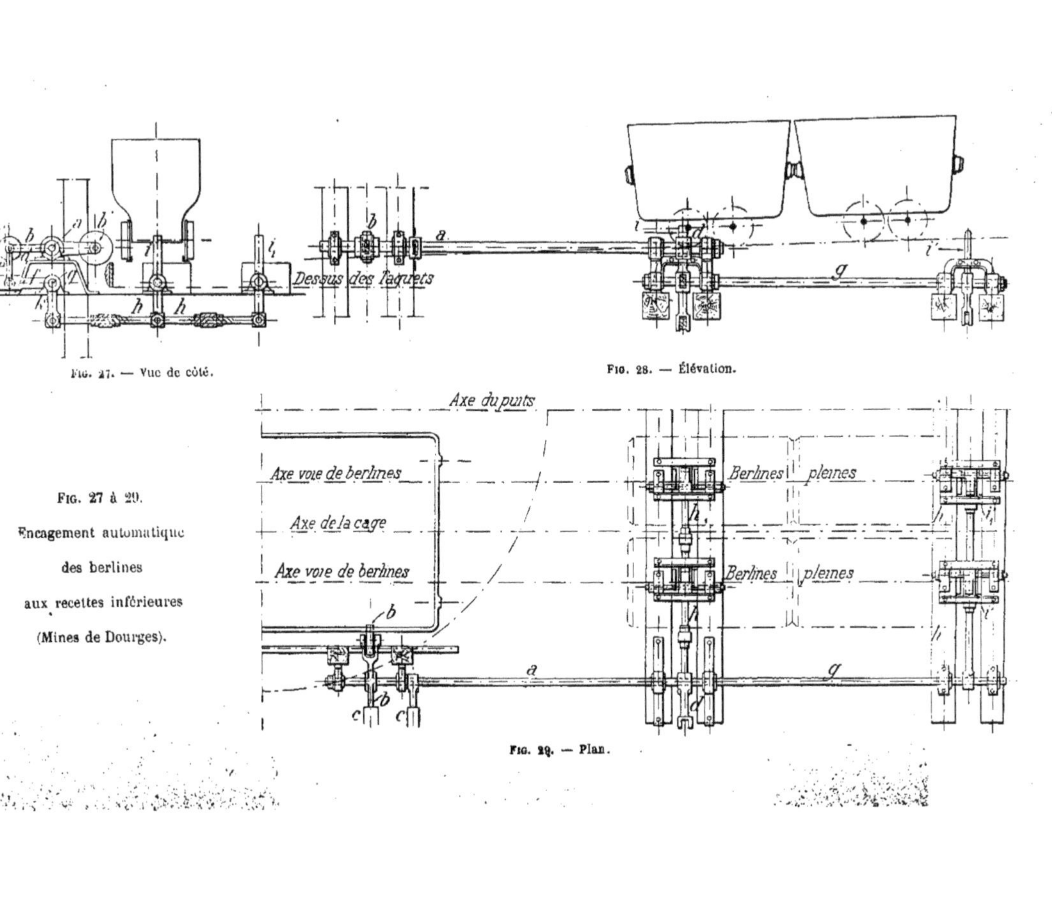

Fig. 27. — Vue de côté.

Fig. 28. — Élévation.

Fig. 29. — Plan.

Fig. 27 à 29.
Encagement automatique
des berlines
aux recettes inférieures
(Mines de Dourges).

le mouvement des différentes parties de l'appareil. Il en résulte que les verrous ii_1 seront à nouveau mis à l'arrêt, alors que $i'i'_1$ se trouveront effacés; quatre nouvelles berlines pourront donc venir d'elles-mêmes s'écluser pour attendre une nouvelle arrivée de la cage.

Si, pour une raison ou pour une autre, on voulait que l'encagement se fasse à la main au lieu d'être automatique, on n'aurait qu'à placer un levier de commande sur l'arbre a et à supprimer le galet b'. Il va sans dire que le dispositif que nous venons de décrire est adopté pour toute la recette; il y a donc, de l'autre côté de l'axe du puits, un deuxième appareil, identique à celui que nous venons de décrire, servant à l'encagement des berlines dans la seconde cage.

Ce système a donné d'excellents résultats. Il est certain qu'il nécessite, bien qu'il soit automatique, une certaine manœuvre du receveur, pour que l'encagement se fasse sans difficulté; mais ce travail est extrêmement facile, il peut donc se faire avec grande rapidité et il en résulte une économie sensible. L'encagement prenant en effet moins de temps, la durée d'une cordée se trouve réduite; il s'ensuit que la machine, dans un même laps de temps, permettra plus de cordées, d'où résulte une augmentation de la production.

Dispositifs en usage aux Mines de Courrières.

Parmi les Compagnies minières qui, à l'Exposition, ont fait figurer en première ligne les appareils de sécurité qu'elles emploient, il faut tout particulièrement citer la Compagnie des Mines de Courrières qui présentait plusieurs appareils très intéressants en usage dans ses exploitations. Nous allons en décrire quelques-uns :

Procédé de soutènement par allonges. — Lors de l'abatage de la houille, le mineur, pour se protéger des éboulements, doit continuellement faire suivre son boisage. Or, en général, ces boisages se placent à des distances d'environ un mètre; il faut donc, lorsque l'ouvrier vient de placer son dernier cadre, qu'il avance à découvert de plus d'un mètre pour pouvoir poser sa nouvelle ligne. Dans des charbons peu résistants, cet état de choses présente un réel danger.

C'est pour remédier à ce danger que l'on a adopté, aux Mines de Courrières, le soutènement par allonges.

Les allonges sont des barres de fer carrées de 35 millimètres de côté, ayant environ 1^{m}30 de longueur et portant à leur partie avant une extrémité un peu effilée pour faciliter leur introduction sur le boisage. L'usage de ces allonges est très simple et très pratique.

Chaque mineur en a trois à son service. Dès que l'ouvrier vient de terminer son dernier cadre, il enfonce au-dessus ses trois allonges qu'il serre avec force contre le charbon à l'aide de coins. Le travail avançant, le mineur décale ses allonges et les avance successivement; il est donc ainsi protégé pendant toute la durée de son travail et jusqu'à la pose d'un nouveau cadre avec lequel il opérera de nouveau comme nous venons de le dire.

Le nombre des allonges employées à Courrières est de plus de 6 000. Ce système a donné de très bons résultats, car le nombre d'accidents dus aux éboulements est extrêmement réduit dans les chantiers des Mines de Courrières.

Cœur à perroquet pour emballage de beurtia. — Cet appareil de sécurité, en usage aux puits intérieurs et beurtia des Mines de Courrières, est destiné à éviter les chutes accidentelles des berlines dans les puits.

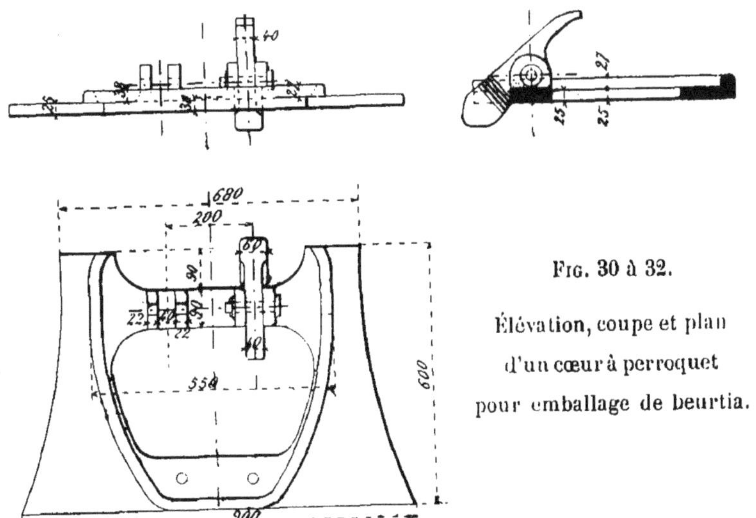

Fig. 30 à 32.

Élévation, coupe et plan d'un cœur à perroquet pour emballage de beurtia.

Il se compose essentiellement (fig. 30 à 32) d'une grosse pièce de fer recourbée, maintenue entre deux paliers, venus de fonte avec la plaque de guidage des berlines. Cette plaque porte des rainures, disposées de telle façon que la berline soit guidée pour son entrée dans la cage. Lorsque cette dernière n'est pas en face de la recette, la pièce en fer, par son propre poids, se relève de telle façon que sa branche supérieure serve de butée aux essieux des berlines engagées sur la plaque d'emballage et empêche ainsi la chute de la berline dans le puits. Si la cage arrive, au contraire, en regard de la recette, elle soulève la deuxième branche du taquet en fer qui déborde dans le puits et fait ainsi pivoter toute la pièce; le bras supérieur s'abaisse donc et la berline, rendue libre, peut passer et entrer dans la cage. Dès que celle-ci a quitté l'étage, la pièce d'arrêt se replace dans sa position verticale grâce à son poids, elle empêche donc à nouveau l'avancement de toute berline dans le beurtia. Cet appareil automatique, extrêmement simple et bien compris, fonctionne parfaitement. Il va sans dire que, malgré la présence de ces appareils, les recettes sont toutes munies de barrières réglementaires.

Verrou pour treuil à chaise. — Il y a nécessité, dans le cas des treuils à chaise, comme pour les beurtia, d'éviter que le rouleur, par inattention, ne lance sa berline sur le plan incliné sans que le chariot soit en regard. Cet accident pourrait avoir les plus graves conséquences et pourrait entraîner même la chute du rouleur, il y a donc un besoin réel à parer à cette éventualité.

L'appareil que représentent les figures 33 à 35, remédie à cet incon-

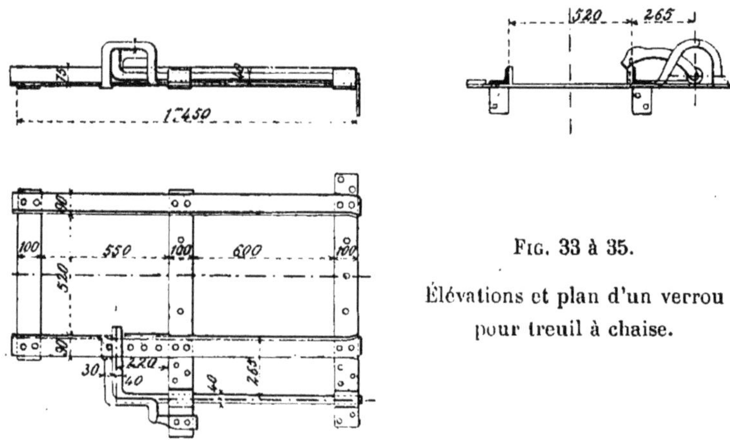

Fig. 33 à 35.

Élévations et plan d'un verrou pour treuil à chaise.

vénient ; il ferme, en effet, non seulement la voie du plan incliné aux berlines quand le chariot n'est pas en face, mais celui-ci une fois présent, il l'immobilise immédiatement et évite ainsi une deuxième cause d'accident pouvant se produire par le départ trop précipité de la chaise.

L'appareil, d'une grande simplicité, se compose d'un taquet qui ne peut être ouvert que quand le chariot est en face de la voie, car autrement il interromprait le mouvement dans le plan incliné. Le taquet est constitué par une broche, glissant dans deux œillets fixés au roulage et se terminant par une partie coudée d'équerre formant l'obstacle de butée des berlines. Pour pouvoir passer, on est obligé de renverser le taquet, mais les pièces sont disposées de telle façon qu'il est impossible, grâce à un butoir arrière, de faire cette manœuvre sans avancer sensiblement le taquet et en engageant ainsi sérieusement la broche dans le plan incliné, ce qui a pour but de paralyser le mouvement dans celui-ci. On ne peut donc pas ouvrir le taquet avant d'avoir d'abord demandé le chariot. Lorsque celui-ci est en regard, on pourra ouvrir le taquet, mais celui-ci, par son déplacement, engage la broche dans un œillet du chariot et empêche toute mise en marche trop précipitée de la chaise. Le chargement terminé, il faut,

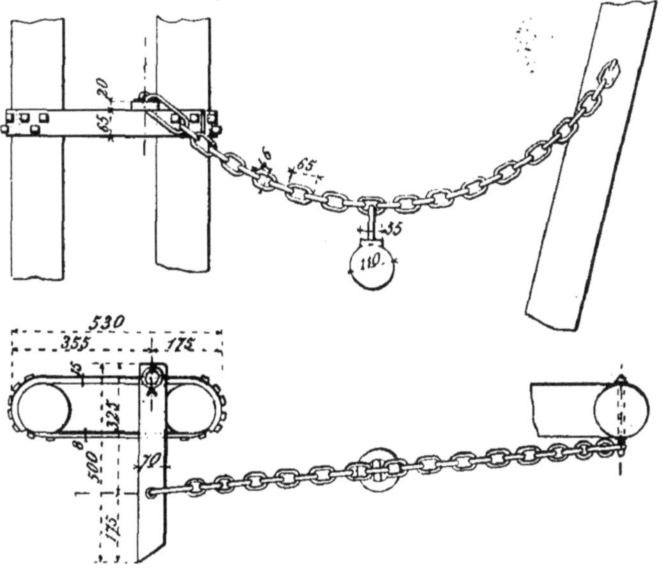

Fig. 36 et 37. — Élévation et plan d'une barrière pour descenderie.

pour que la mise en marche du chariot soit possible, qu'on replace le taquet dans sa position arrière, en dégageant la broche. Mais ceci ne peut se produire que si l'on fait tourner le taquet sur lui-même en bloquant de nouveau la voie. Le rouleur, en s'en allant, a donc dû, par la disposition même des appareils, bloquer sa voie lui-même et les causes d'accident de cette nature se trouvent de ce fait absolument écartées.

Barrière pour descenderie. — Ces barrières sont utilisées dans les plans inclinés ou descenderies à deux voies à commande par treuil. Les barrières sont disposées de telle façon que la berline montante ouvre l'arrêt d'elle-même, alors que pour la berline descendante, le taquet d'arrêt doit être commandé à la main. Les deux taquets sont disposés pour revenir à leur position de fermeture après le passage des berlines.

Le taquet est composé d'un fer plat, pivotant autour d'un axe sur un support en fer, fixé sur deux bois de parois. Une chaîne à contrepoids est attachée au barreau à l'aval et le tient continuellement dans sa position d'arrêt (fig. 36 et 37). La berline montante poussera le barreau, tendra la chaîne et dès qu'elle aura passé, l'action du contrepoids, se faisant sentir à nouveau, ramènera le taquet à l'arrêt. Pour la berline descendante, l'ouvrier au treuil, placé en amont, tire une chaînette ou un fil de fer qui est relié au barreau et permet de produire son effacement. Ici encore le contrepoids le ramènera à sa position d'arrêt.

Barrière automatique pour emballage de descenderie. — Dans les plats intermédiaires de descenderies, il y a lieu, lorsque l'on procède à l'ac-

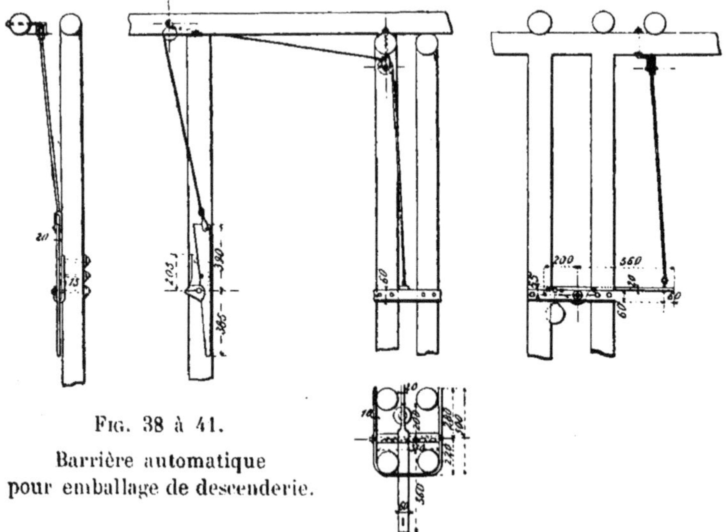

Fig. 38 à 41.
Barrière automatique
pour emballage de descenderie.

crochage d'une berline, de fermer la voie descendante de la descenderie pour éviter que la berline n'y glisse avant d'être attachée, ce qui pourrait causer de graves accidents. D'autre part, il est nécessaire aussi d'éviter d'engager une berline dans le plan incliné, lorsque celui-ci est en marche.

L'appareil automatique que représentent les figures 38 à 41 remplit ce double but. Il se compose d'un levier équilibré autour d'un axe, ayant la forme d'un fusil et d'un deuxième levier à contrepoids, les deux leviers étant reliés par une corde passant sur des poulies de direction. Le premier levier sert à fermer la voie descendante de la descenderie, le deuxième est destiné à barrer la voie de roulage de croisement. En temps normal, la descenderie est considérée comme étant en marche; elle est donc ouverte, les voies de roulage la traversant doivent donc être fermées comme le montrent les figures.

Au contraire, si l'on veut engager une berline sur le plan incliné, l'ouvrier pour le faire est obligé d'ouvrir la barrière d'arrêt à contrepoids fermant la voie de roulage. Il soulève donc le taquet et le contrepoids ramène le levier dans une position verticale en ouvrant la galerie. Par ce mouvement, la tension sur la corde devenant nulle, le

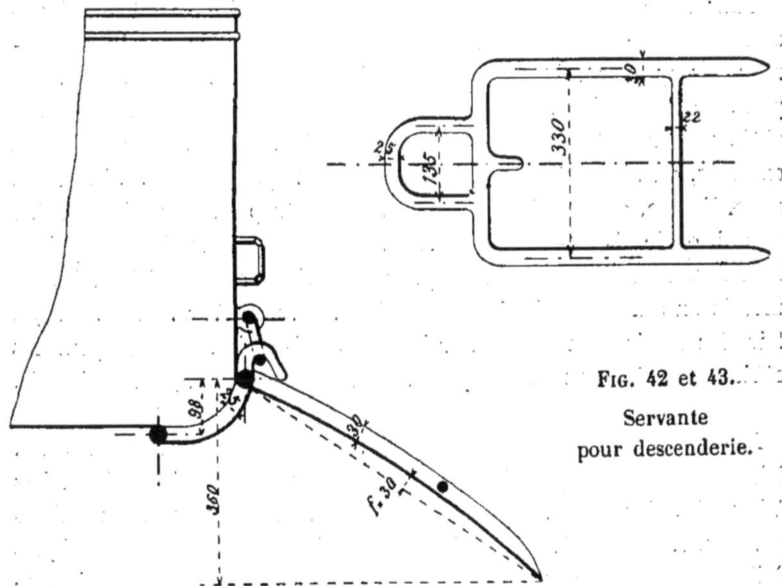

Fig. 42 et 43.
Servante pour descenderie.

fusil se met dans sa position horizontale et barre la voie de la descenderie. L'ouvrier peut alors, sans crainte de voir sa berline glisser dans la voie descendante, la fixer au câble du treuil, puis, pour que la descente puisse se faire, il est obligé de ramener le fusil dans sa position verticale pour dégager la descenderie. Mais, en même temps, il referme la galerie de roulage transversale, il est donc sûr, en quittant la descenderie, que la voie d'accès est bien bloquée.

Servante pour descenderie. — Les figures 42 et 43 sont relatives à une servante en usage à Courrières pour éviter les chutes des berlines lorsque le câble du treuil vient à se rompre.

Il n'est pas besoin d'insister sur la description de cet appareil qui se comprend à première vue ; disons seulement qu'il offre le grand avantage, sur les piquerons à une seule pointe, d'éviter les déraillements qui peuvent facilement se produire avec ces appareils.

Dispositifs d'essai des fils et des cables.

Les deux dispositifs que nous allons décrire ne sont pas par eux-mêmes des appareils de sécurité toutefois nous croyons que leur place est tout indiquée dans cette étude. Ce sont, d'une part, la machine à essayer les fils et, d'autre part, les amarres servant aux essais des câbles, aux Mines de Montceau.

Dans cette grande exploitation, les essais des câbles sont faits journellement et avec un tel soin que, jusqu'à présent, le besoin d'appareils tels que les évite-molettes ne s'est pas encore fait sentir. On peut, du reste, dire avec raison que, dans un puits d'extraction, le câble en bon état est le premier appareil de sécurité. Dans les câbles en aloès, on n'a qu'à étudier la charge de rupture totale. Si le câble est ordinaire, on l'essaie en une fois, s'il est trop fort pour la machine d'essai, on le divise en deux parties. Il n'en est plus de même dans les câbles métalliques pour lesquels intervient encore l'élasticité du métal ; on aura donc ici à essayer d'abord les fils à la flexion, puis, à faire les essais de rupture sur le câble lui-même, comme pour les câbles en aloès. Nous allons passer en revue ces deux genres d'essais.

Machine à essayer les fils à la flexion. — Cette machine, en usage aux Mines de Blanzy, a permis de substituer aux mesures de flexion faites à la main, des mesures mécaniques précises, donnant des résultats parfaits. Auparavant, on faisait les essais des fils de câbles métalliques à l'aide de deux étaux dont l'un était fixe, alors que l'autre était mobile et subissait un mouvement de va-et-vient, donnant les flexions successives au fil essayé jusqu'à la rupture. Outre que l'opération était longue et fatigante, les résultats obtenus étaient entachés d'erreurs, les flexions n'étant pas toutes régulières et égales et les mesures, ne se faisant pas automatiquement, ne pouvaient être considérées comme toujours rigoureusement exactes.

La machine actuelle (fig. 44) remédie à ces graves inconvénients. Elle comporte deux étaux, l'un fixe, l'autre mobile, pouvant coulisser le long d'une manivelle dont l'axe est au niveau supérieur du premier étau. La manivelle peut recevoir un mouvement d'oscillation de 180°, grâce à un levier, une bielle, etc., et un arbre commandé par courroies et tendeurs. Les oscillations se font au milieu d'un arceau suspendu et la manivelle portant l'étau mobile est munie d'un ressort qui tend à éloigner l'étau du point d'articulation et à l'appliquer contre l'arceau. Le tendeur devant agir sur la courroie de commande pour la mise en marche est maintenu en place par un enclenchement commandé par l'arceau.

Pour faire un essai, on pince le fil entre les deux étaux en ayant soin de comprimer un peu le ressort de l'étau mobile pour l'écarter de l'arceau et on enclenche le tendeur de commande. Le mouvement oscillatoire se produit et quand le fil se rompt, l'étau mobile venant buter contre l'arceau, déclenche le tendeur et produit l'arrêt de la machine instantanément. Une roue à rochet enregistre les oscillations complètes correspondant à quatre flexions simples de 90°. Une roue à quatre bras permet d'enregistrer les quarts d'oscillation, c'est-à-dire les flexions simples.

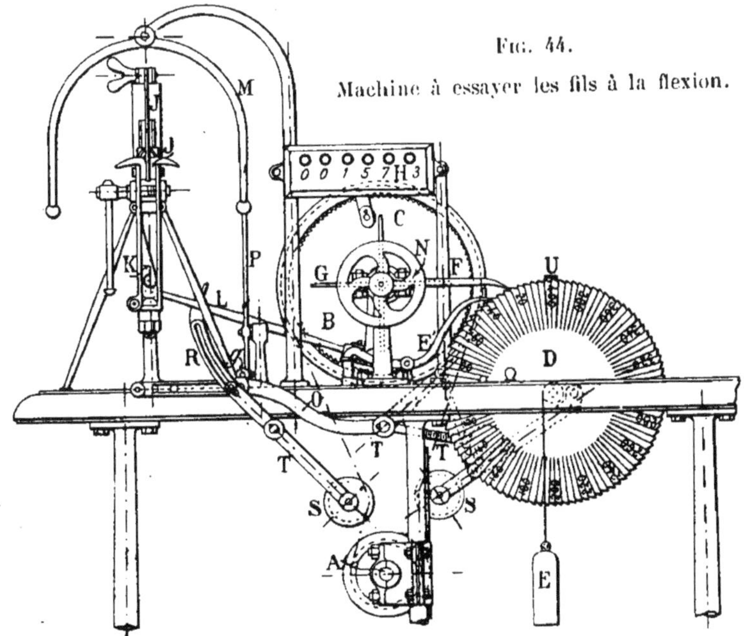

Fig. 44.
Machine à essayer les fils à la flexion.

La figure 15 suffit à expliquer le fonctionnement de la machine qui comprend :

Un arbre inférieur de commande A actionné directement par une dynamo, avec vis pour réduction de vitesse, ou par une courroie; un arbre supérieur B à manivelle, commandé par l'arbre A, au moyen d'une courroie lâche et galets tendeurs; une roue dentée C calée sur l'arbre B, et servant à l'arrêt de cet arbre après rupture du fil; une roue dentée numérotée par chiffres pairs de quatre en quatre, en raison d'un avancement d'une dent à chaque tour de machine, soit quatre flexions par dent; un contrepoids E ramenant la roue dentée D dans sa position de départ après chaque rupture du fil; le cliquet E' de la roue dentée D; un excentrique F à cliquet calé sur l'arbre B actionnant la roue dentée D; une roue G à quatre ailettes calées sur l'arbre B, numérotées de 1 à 4, marquant quatre chiffres au compteur, par tour de machine, et donnant les chiffres intermédiaires de la roue dentée E, en cas de rupture du fil sur une fraction de tour; un compteur de tours H, totalisant le nombre de flexions des fils entrant dans la composition d'un câble; un étau fixe I pour le pincement de l'extrémité du fil à essayer; un étau mobile J à coulisse et ressort permettant le déclenchement et, par suite, l'arrêt de la machine au moment de la rupture du fil; un balancier K commandant l'étau mobile; la bielle L de commande du balancier; un cerceau déclencheur M mis en mouvement à chaque rupture de fil par le choc donné par l'étau mobile, sous l'effort du ressort à boudin; un volant N calé sur l'arbre B, servant à ramener l'étau mobile dans sa position de départ c'est-à-dire verticale, après chaque rupture du fil; un levier O de mise en marche de la machine agissant sur les galets tendeurs, par l'intermédiaire de leviers; un levier P de déclenchement de la mise en marche; une broche Q avec boîte à ressort du levier de déclenchement; un levier R d'arrêt de la roue dentée C; des galets tendeurs S; un levier T avec arbres de renvoi, contrepoids d'équilibre, pour la mise en mouvement des galets tendeurs; une flèche de repaire U de la roue dentée D.

Une roue à quatre bras permet d'enregistrer les quarts d'oscillations soit donc les flexions simples.

Amarres servant aux essais des câbles d'extraction. — La machine servant aux essais des câbles à Montceau-les-Mines est une machine du type Falcot. Nous n'entrerons pas ici dans la description de cet appareil, ce qui nous ferait sortir complètement du programme que nous nous sommes tracé. L'étude de la machine Falcot a du reste été faite d'une façon détaillée tout récemment, au Congrès international de Mécanique de 1900. Nous nous bornerons à signaler ici les nouvelles amarres imaginées aux Mines de Blanzy. Ces amarres permettent de réduire autant que possible la longueur de câble nécessaire à un essai; vu le prix très élevé de ces câbles, il en résulte une sensible économie.

Le principe des amarres est le suivant : le câble est maintenu entre deux coins (fig. 45 à 47), pouvant glisser sur des rouleaux disposés à l'intérieur de deux mâchoires en acier réunies par des boulons.

Grâce au dispositif des coins, plus la tension est grande, plus le serrage est énergique; il en résulte que les amarres ne fatiguent pas le câble et que la rupture se produit entre les deux. Les amarres sont

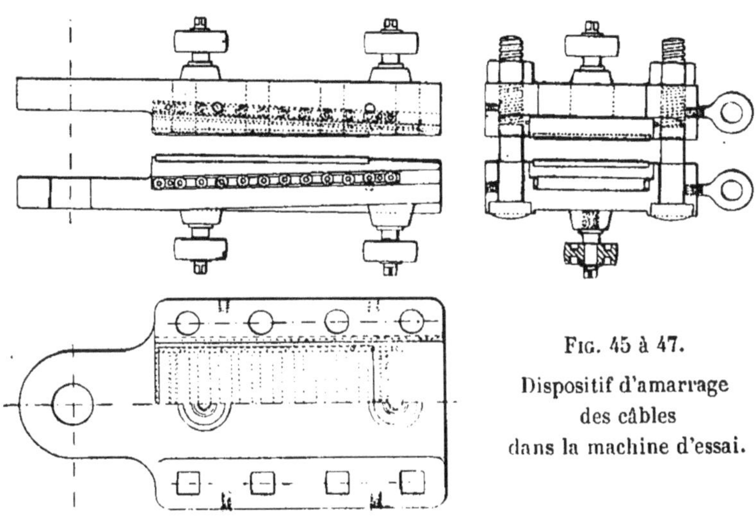

Fig. 45 à 47.
Dispositif d'amarrage des câbles dans la machine d'essai.

disposées pour pouvoir servir indistinctement pour les câbles plats et pour les câbles ronds, on met naturellement suivant les cas des mâchoires différentes. La machine de Montceau-les-Mines permet d'obtenir des charges de rupture allant jusqu'à 100 tonnes.

Nous arrêterons ici notre étude sur les appareils de sécurité qui ont figuré à l'Exposition de 1900. Nous avons été forcément obligé d'en passer un bon nombre sous silence, mais nous avons cherché à faire un choix varié, parmi les plus intéressants et les plus nouveaux.

Cette question des appareils de sécurité préoccupe de jour en jour plus sérieusement tous ceux qui s'intéressent au bien-être et à la sécurité des mineurs. Dans ces dernières années d'immenses progrès ont été faits dans cette voie; les statistiques sur le nombre des accidents le prouvent suffisamment. Il est donc à souhaiter que les Ingénieurs qui sont à la tête de l'industrie minière, s'attachent de plus en plus à étudier ces questions d'un si grand intérêt au point de vue humanitaire.

IMPRIMERIE CHAIX, RUE BERGÈRE, 20, PARIS. — 17836-10-01.

ÉVITE-MOLETTES SYSTÈME VILLIERS, DES HOUILLÈRES DE S^T ÉTIENNE

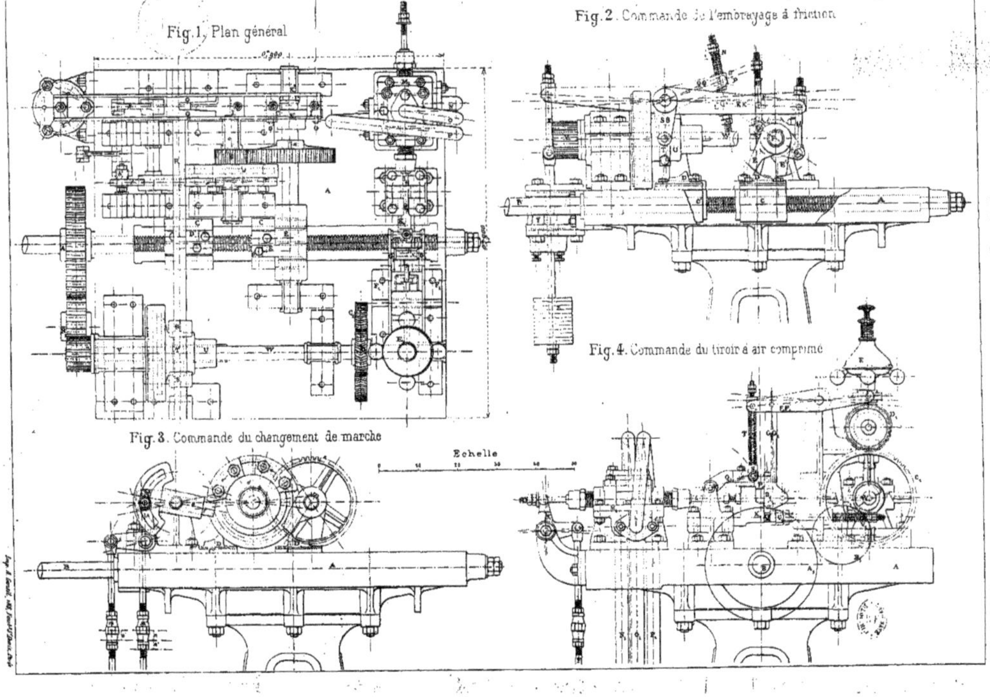

Fig. 1. Plan général

Fig. 2. Commande de l'embrayage à friction

Fig. 3. Commande du changement de marche

Echelle

Fig. 4. Commande du tiroir à air comprimé

www.ingramcontent.com/pod-product-compliance
Ingram Content Group UK Ltd.
Pitfield, Milton Keynes, MK11 3LW, UK
UKHW020402220726
13923UKWH00004B/1690

9 782019 948825